Edith Stein
A construção do ser pessoa humana

Luiz Santana

Edith Stein
A construção do ser pessoa humana

DIREÇÃO EDITORIAL:
Marlos Aurélio

CONSELHO EDITORIAL:
Avelino Grassi
Fábio E. R. Silva
Márcio Fabri dos Anjos
Mauro Vilela

COPIDESQUE:
Thiago Figueiredo Tacconi

REVISÃO:
Leo Agapejev de Andrade

DIAGRAMAÇÃO:
Tatiana Alleoni Crivellari

CAPA:
Tatiane Santos de Oliveira

© Editora Ideias & Letras, 2023

4ª impressão

Avenida São Gabriel, 495
Conjunto 42 - 4º andar
Jardim Paulista – São Paulo/SP
Cep: 01435-001
Editorial: (11) 3862-4831
Televendas: 0800 777 6004
vendas@ideiaseletras.com.br
www.ideiaseletras.com.br

**Dados Internacionais de Catalogação na Publicação (CIP)
(Câmara Brasileira do Livro, SP, Brasil)**

Edith Stein: a construção do ser pessoa humana/ Luiz Santana
São Paulo: Ideias & Letras, 2016
Série Pensamento Dinâmico

ISBN 978-85-5580-008-5

1. Antropologia filosófica 2. Antropologia teológica 3. Filósofos
- Alemanha 4. Stein, Edith, 1881-1942
I. Título II. Série.

15-10879   CDD-128-233

Índices para catálogo sistemático:
1. Antropologia filosófica   128
2. Antropologia teológica: Teologia cristã   233

"O desaparecimento do mundo sensível é como o cair da noite, quando ainda resta uma luminosidade crepuscular, resquício da claridade diurna. Mas a fé é como a escuridão da meia-noite, porque neste ponto acham-se apagados não só a atividade dos sentidos, mas também o entendimento natural da razão. Quando, enfim, a alma encontra o próprio Deus, é como se rompesse em sua noite a alvorada do dia da eternidade."

Edith Stein

Sumário

Apresentação |9

Introdução |13

I. A Alemanha de Edith Stein: |19
abordagem histórico-filosófica

1. Raízes judaicas, perda da fé e conversão |28
2. Universidade e Cruz Vermelha |31
3. O Carmelo |36
4. Cronologia de Edith Stein |37

II. Sentido e possibilidade |41
de uma Filosofia Cristã;
uma proposta epistemológica

1. Linguagem, Sentido e Verdade |47
2. Sentido e Verdade em Frege |50
3. Sentido e Verdade em Russell |51
4. Sentido e Verdade em Wittgenstein |53
5. O lugar da Filosofia |58

III. Bases para uma Filosofia Cristã |65

IV. O *ethos* humano na concepção de Edith Stein | 75

1. O ser pessoa humana | 80
2. O corpo | 81
3. A alma | 82
4. Tríplice perspectiva da noite | 84
5. O "eu" | 87
6. A sacralidade da vida humana | 90

V. A vocação do homem e da mulher de acordo com a ordem natural e da graça | 95

1. Relacionamento filial com Deus | 108

Considerações finais | 111

Referências | 117

Apresentação

Apresentação

Edith Stein é uma das figuras marcantes do século XX, tem sua história construída num período de grandes conturbações da paz e da ordem social da Europa: as duas grandes guerras. Um tempo preocupado com uma profunda construção da Ciência e de uma nova Linguagem, plausível, capaz de dizer bem e melhor o mundo sensível. Após sua chegada a Göttingen, capital da Fenomenologia, estudando com o mestre Edmund Husserl, um dos maiores filósofos do período, e da defesa de sua tese sobre o método fenomenológico da Empatia, já em Friburgo, como assistente acadêmica, passa pela experiência da conversão ao Catolicismo, mediante a leitura do *Livro da vida* de Santa Teresa D'Ávila, no qual se vê numa nova perspectiva; a de produzir a Filosofia com base no pensamento cristão, descobrir a Verdade. Edith Stein demonstra a possibilidade de trabalhar a Linguagem, o Sentido e a Verdade das proposições bem como os limites a que estamos atrelados, no mundo sensível, à luz do pensamento cristão, o *verum*, o qual veremos por completo no reencontro com Deus, a *veritas*. No presente trabalho foi destacada a condição estrutural do homem, sua tríplice dimensão; corpo, alma e espírito. Mediante isso, procurou-se resgatar a sacralidade da vida humana, a similaridade com a harmonia estabelecida e perene da Trindade, o *ethos* do homem, bem como o prisma da vocação humana e a relação filial como forma de restauração da ordem originária perdida pela corrupção do pecado original.

O autor

Introdução

O presente livro procura retratar a questão da dignidade humana, o seu *ethos*, à luz da Fenomenologia de Edith Stein. Procura também verificar se a mesma é possível como caráter transcendente e necessário na atualidade, baseando-se numa Epistemologia com princípios cristãos. Requer, a principio, uma apreciação do contexto histórico-filosófico do qual a autora é partícipe e herdeira, possibilitando assim uma nova reflexão concernente ao tema. Outra questão é a importância e influência contributiva de seu trabalho no campo filosófico, pedagógico e teológico.

O século XX inicia-se efetivamente na década de 1920, com grandes mudanças em alguns paradigmas filosóficos a partir das obras de Wittgenstein (*Tratactus logico-philosophicus*), Luckács (*História e consciência de classe*) e Martin Heidegger (*Ser e tempo*). Estas obras contribuiriam com toda produção filosófica subsequente.

Oriunda de família judaico-alemã de estrita observância, Edith Stein vê-se diante de paradigmas que, num primeiro momento, mostram-se intransponíveis, mas que serão, num futuro próximo, a mola propulsora de toda sua produção filosófica e pedagógica.

Percebe-se, claramente, na sua preocupação e indignação com a condição e exploração da mulher de sua época, a influência da mãe, mulher de fibra e garra que cria sozinha os filhos após a morte do esposo, tocando os negócios do ramo madeireiro, como a grande inspiradora de seus ideais. Para Edith Stein, a mulher pode e deve lutar pelos seus ideais sem perder a doçura, a feminilidade. É interessante como o fenômeno pela libertação da opressão na qual vive a mulher do seu tempo acontece de forma expansiva nos países europeus e também na América do Norte.

Edith Stein pertence ao círculo fenomenológico de Göttingen, torna-se discípula de Edmund Husserl, um dos maiores filósofos de sua época, e tem como amigos de convivência Martin Heidegger e Max Scheler, entre outros. Em momento algum rompe com o mestre, continua utilizando o mesmo método após sua conversão ao Catolicismo, ao qual será fiel até o momento da morte.

Nossa análise perpassa a conceituação que a filósofa dá à questão da linguagem, do Sentido e da Verdade como meio de se chegar ao *veritas* de uma proposição. Demonstra, utilizando-se do método fenomenológico, que, nesta linguagem, por meio de suas proposições, só se pode chegar ao *verum*. Isso se dá na relação sujeito-objeto (matéria), dar-se-á na busca de Deus pela Contemplação Mística. Traçou-se um pequeno paralelo com a Filosofia da Linguagem dos seguintes filósofos: Frege, Russell e Wittgenstein, seus contemporâneos, sendo os dois últimos membros do Círculo de Viena, neopositivistas, que terão suas teorias fortemente combatidas por ela.

Edith Stein acredita que a Filosofia deve ir além da visão sensível de mundo. Diante desta afirmação acredita ser Deus e o dado cristão objetos de estudo da Filosofia. Esta não deve temer, ao tratar da temática Deus, cair numa prática puramente teológica, mas, ao contrário, deve expandir os espaços da verdade e do conhecimento em todas as áreas: a Filosofia está livre.

Num terceiro momento, é apresentada sua concepção acerca da pessoa humana e suas constituições: corpo, alma e espírito. Desenvolve-se a partir daí todo o processo perceptivo de cada uma destas realidades, acentuando-se, na questão da alma, a visão carmelitana de São João da Cruz, místico e doutor da Igreja, na tríplice perspectiva da noite escura.

Um outro apontamento proposto foi a questão da sacralidade da vida humana. O homem pertence à ordem dos fins e não à dos meios, é corpo sim, mas corpo animado, existe um mistério que cerca a estrutura pessoa humana.

Este mesmo homem (espécie) possui como parte imanente de sua constituição uma vocação, vocação individual, para algo específico, podendo ser analisada pelo âmbito profissional bem como pelo âmbito espiritual. O fato é que em ambas, Edith Stein reconhece a intervenção divina como participante do processo de chamamento, sendo a vocação uma das características que garante o *ethos* de dignidade a que todo homem tem direito.

O homem tem direito a voltar para o regaço de Deus; de encontrar-se harmoniosamente na restauração da ordem originária, livrando-se assim das raízes doentes da natureza corrompida, degenerada pelo pecado original.

Assim, todo homem é convidado a retornar a sua condição de *filia*, amor filial a Deus, que por meio da encarnação, morte e ressurreição, assegurou a possibilidade de o homem restabelecer a ordem primeira perdida, agora de maneira perfeita. A alma humana vem de Deus e para Deus deve retornar. Deus fez da alma humana sua habitação; imprimiu o selo do Espírito, para que nela pudesse ter ampliado o espaço para construção do novo homem. Cabe ao homem deixar-se construir novamente, sendo Deus a matriz de sua construção, o modelo perfeito.

1.
A Alemanha de Edith Stein:
abordagem histórico-filosófica

Contextualização

> A ênfase nos antagonismos de classe, a condenação do monopólio e do poder econômico, os ataques aos partidos e políticos corruptos, a denúncia das universidades, igrejas e jornais, considerados instrumentos de interesses econômicos, esses temas dividiam os meios intelectuais na Europa e Estados Unidos nas três últimas décadas do século XIX.[1]

A alavancada que atinge a Alemanha é de grande relevância para a constituição da sociedade em que vive Edith Stein, bem como é de grande influência no seu pensamento mediante a contextualidade vivida, levando sempre em consideração que:

> [...] o homem existe sempre em determinado lugar e em determinado momento; é um "homem no mundo", um homem concreto, situado histórica, geográfica, cultural e socialmente.[2]

A Alemanha tem no período mencionado uma grande ascensão material e populacional, saltando de 41 milhões, em 1871, para 61 milhões, em 1910, o que interfere direta e necessariamente num aumento da

---
1 VEBLEN, Thorstein. *A Alemanha Imperial e a Revolução Industrial: a teoria da classe ociosa*. São Paulo: Abril Cultural, 1980, p. 1.
2 STEM, Alfred *apud* MÁXIMO, Antonio. *Filosofia e História*. São Paulo: Editora Universitária Leopoldianum, 2003, p. 15.

produção, bem como no desenvolvimento de suas indústrias siderúrgicas, químicas e também nos meios de transporte, tendo como grande destaque as ferrovias, que triplicaram suas linhas interligando a Alemanha a outros países europeus. Outros destaques deram-se nas melhorias das condições de vida de seus cidadãos, na construção de canais, melhorando assim a rede fluvial.

No que se refere à consciência socioeconômica da população, a organização dos sindicatos, a maior participação popular no governo, bem como o término da lei antissocialista contribuíram para uma incorporação do espírito nacionalista alemão.

Já no início do século XX, o aumento do poderio de fogo da esquadra marítima alemã, em contraposição à inglesa, demonstra a dificuldade no relacionamento das duas grandes potências militares e industriais da época, culminando com a I Grande Guerra Mundial, em 1914, após o assassinato do sucessor do trono austríaco.

A Alemanha sai derrotada da guerra após a interferência dos Estados Unidos, em 1918, tornando-se posteriormente, mesmo fragilizada, República.

A partir de então, diante de inúmeras dificuldades econômicas, a Alemanha busca constituir seu primeiro governo republicano; o socialismo proposto por alguns fora suprimido.

Em 1919, acontece um fato inusitado: pela primeira vez as mulheres podem participar mais efetivamente das decisões políticas, pelo voto, sendo uma grande vitória das feministas lá existentes e também em toda a Europa pós-guerra. Outro fato importante foi a promulgação da constituição, ato de suma importância para a unidade dos estados alemães.

As grandes dificuldades econômicas do pós-guerra e as condições impostas pelo Tratado de Versalhes,[3] assinado em 1919, promovera a descrença em relação à subsistência da República. O ápice do problema socioeconômico constituído na Alemanha pós-guerra acontece em 1923 com a alta exorbitante da inflação, desvalorizando o marco alemão em relação ao dólar, em proporções absurdas, impossibilitando o país de cumprir com os pagamentos das dívidas oriundas da guerra.

De 1924 a 1929, a Alemanha passa por um período de reconstrução, conseguindo empréstimos externos para a modernização das indústrias; consegue também, por intermédio dos Estados Unidos, pelo plano Dawes, pagar as dívidas de guerra sem, no entanto, quebrar o país.

A Alemanha recupera-se gradativamente, conseguindo de novo a igualdade diante das demais nações e o ingresso, já em 1926, na Liga das Nações.

Diante de um quadro crítico, em 1930, chegam ao poder os ultranacionalistas, extremados radicais, aproveitando-se do desemprego e da miséria existente para ascender ao poder. Em 1931, acontece a quebra dos bancos por conta da grande crise, assumindo Hitler o governo em 1933.

---

3 O Tratado de Versalhes foi o tratado de paz entre as potências europeias após a Primeira Guerra Mundial.

> A Filosofia Contemporânea vive e se alimenta
> ainda do patrimônio cultural representado pelo
> movimento de ideias que no final do século XIX e
> início do XX eclodiu na Europa, particularmente
> na França e na Alemanha. Desde o Positivismo de
> Auguste Comte (1798-1857), passando pelo histo-
> ricismo vitalista de Wilhelm Dilthey (1833-1911)
> e o intucionismo de Henri Bergson (1859-1941),
> acrescidos pela influência decisiva das ideias de
> Karl Marx (1818-1883), Friedrich Nietzsche (1844-
> 1900) e Sigmund Freud (1856-1939), a cultura e a
> razão vêm sofrendo um processo de questionamen-
> to cada vez mais profundo e radical.[4]

O século XIX é marcado por alguns entrelaçamentos de teorias científicas com ideias filosóficas, abordando especificamente problemáticas como: a imagem do homem, a do livre-arbítrio, a imagem do mundo e a da própria ideia de Verdade. De maneira objetiva, acentua-se e torna-se evidente que o desenvolvimento científico passa a interessar até mesmo os filósofos mais distantes da pesquisa científica.

O processo de "rigorização" e de "redução", segundo Reale (1991), descobrirão antinomias que proporão problemas para os matemáticos do século XX.

Um dos fatos mais intrigantes do século XIX é a proposta feita para a Antropologia Filosófica, pela Biologia, um problema dos mais sérios em toda história do pensamento, a teoria evolutiva das espécies biológicas de Darwin, surgindo assim

---

4 COSTA, E. *Max Scheler – o personalismo ético*. São Paulo: Moderna, 1996, p. 6.

como a crise da ideia de homem, um problema que é, sem sombra de dúvidas, também filosófico. "No século XIX, o entrelaçamento entre ciência e sociedade é macroscópico".[5]

Já em meados e fim do século XIX, despontam alguns trabalhos impressionantes e importantíssimos na área de Linguística com Humboldt e na área de Psicologia Experimental com Weber, Fechner, Helmholtz e Wundt.

O século XIX experimenta uma profunda crise da razão, mas a Filosofia não se estagna e diante da crise busca apresentar novas tentativas de reações perante o dogmatismo iluminista ainda vigente. Temos, assim, como tentativas de responder a tais problemas, o Positivismo de Comte, o Materialismo de Marx, bem como a crítica de Nietzsche à Metafísica e à cultura ocidental, e mais especificamente ao dualismo Kantiano de distinção entre razão pura e razão prática.

Nietzsche critica a tradição filosófica do Ocidente altamente influenciado pelo Platonismo e pelo pensamento judaico-cristão, sendo estes, para ele, os responsáveis pela autoalienação da consciência humana.

A germanicidade continua a todo vapor ainda influenciada pelo Romantismo, movimento literário e cultural, buscando gerar unidade e identidade entre os indivíduos.

> *A preocupação com o cultivo do espírito e a educação integral do homem cedeu lugar às exigências*

---
5 REALE, Giovanni; ANTISERI, Dario. *História da Filosofia: do Romantismo até nossos dias*. 5. ed. São Paulo: Paulus, 1991, p. 356.

> do momento, configuradas nos caprichos da moda e
> nas imposições da opinião pública.[6]

Nietzsche tenta, por sua Filosofia, resgatar a autenticidade cultural humana, tomando por base o modelo grego, em oposição à opinião pública e pensante da época.

Ainda nos fins do século XIX, uma outra ciência destaca-se: é a Psicologia que, prestigiada, buscava desenvolver explicações nas áreas de Teoria do Conhecimento e de Lógica, fazendo surgir um outro grande filósofo da época, Edmund Husserl.

Com sua teoria e movimento, ele vai influenciar fortemente o pensamento e a produção filosófica por longos anos no século XX. Temos como partícipes da escola fenomenológica autores conhecidíssimos como: Max Scheler, Martin Heidegger, Karl Jasper e, claro, Edith Stein.

Edith Stein é uma das filósofas mais expressivas do século XX, ousada na sua contribuição no processo de desvelamento da pessoa humana. Num período de crise universal, ela vivencia as duas grandes guerras, elabora um projeto libertário e participativo da mulher dentro de uma sociedade altamente excludente, reacionária e exterminadora – o que nos remete à reflexão da atual crise na humanidade, ainda excludente, individualista e exterminadora, demonstrando que a preocupação com a aplicabilidade do processo de empatia, bem como a reflexão acerca da condição humana, são pertinentes.

---

6 COSTA, op. cit., p. 7.

Edith Stein considera imprescindível entrelaçarmos, numa análise profunda, os filósofos e a sua contribuição na história da Filosofia, no processo de construção humana, sendo fundamental a compreensão deste ser humanidade, construída, num primeiro momento, subjetivamente, num entendimento parcial, sem perder de vista o outro, demonstrando a necessidade de relação dos seres para se chegar a uma compreensão mais próxima do total.

Assim, Edith Stein trabalha dentro das perspectivas do irracionalismo alemão, contrariando, de certa forma, o enquadramento experiencial e empírico que deseja a Filosofia da Ciência, acreditando na possibilidade de se alçar voos metafísicos, transcendentes. Ela não nega a presença de Deus, apreendendo e projetando o homem para o outro homem. Heidegger (2002, p. 34) afirma: "o homem é um ser para a morte"; Edith Stein demonstra, não em contraposição a Heidegger, mas na liberdade de pensamento que lhe é peculiar, que o homem é um ser para o ser e ambos para o Ser, considerando-se aqui a característica atemporal da essência humana.

A filosofia steiniana é contraditória ao pensamento nietzschiano deturpado, em prática, na Alemanha, dominada pelo partido nacionalista e pela postura racista antissemita, incutida no povo pela forte propaganda do Imperador Alemão.[7] Justamente é um grito que se levanta, num quadro histórico crítico, lamentável, em meio a um processo e necessidade de conscientização

---

7 Referência a Hitler, que se autointitulava o Imperador da Alemanha.

da mulher pela liberdade e direitos que possui na sociedade. Foi uma das grandes lutas de Edith Stein, feminista e feminina, bem como na importância do homem, importância que está além da cor de pele e traços físicos e, posteriormente, na necessidade universal da transcendentalidade deste mesmo homem.

> O itinerário humano e espiritual de Edith Stein é o itinerário de uma mulher pertencente ao nosso tempo. Com a sua experiência pessoal como mulher e com a sua reflexão filosófico-antropológica sobre o ser e a missão da pessoa humana [...].[8]

1. Raízes judaicas, perda da fé e conversão

Edith Stein apresenta a perda da fé aos 14 anos de idade. Nascida em uma família cuja característica era a de estrita observância da doutrina judaica, sem deixar de ter, ao mesmo tempo, um enorme orgulho por serem alemães, foi a última de sete irmãos. Órfã de pai com apenas dois anos de idade viu, desde muito cedo, a mãe, mulher de temperamento forte e cheia de energia tomar as rédeas dos negócios do ramo madeireiro do falecido marido, até então endividado.

> Minha mãe era filha de um negociante e tinha tino comercial: sabia calcular maravilhosamente, tinha o sentido dos negócios, bem como a coragem e a firmeza

---
8 MACCISE, OCD Fr. Camilo; CHALMERS, Fr. Joseph. Carta circular dos Superiores Gerais: ao Carmelo por ocasião da sua canonização. Roma, 1998, p. 9.

> *necessárias para intervir no momento oportuno, sendo, entretanto, suficientemente prudente para não se arriscar demasiado; porém, tinha acima de tudo o dom de saber tratar com as pessoas [...] Conseguiu subir pouco a pouco com pulso forte. Não era pouco sustentar e vestir sete filhos. Nunca conhecemos a fome, mas fomos habituados a uma grande simplicidade e economia, e disso ficou-nos algo até hoje.[9]*

A situação de dificuldade irá se modificar totalmente com a expansão dos negócios, sendo a mãe exemplo de mulher profissional, modelo raro para a sociedade do fim do século XIX. Inspirou, com sua postura, muito do pensamento de Edith Stein acerca do papel da mulher e sua contribuição na sociedade; destacam-se também em sua mãe as exigências quanto à prática da religião, principalmente nas festividades próprias.

> *Entre os acontecimentos da vida do lar – conta-nos Edith – estavam, além das festas familiares, as grandes festas judaicas, sobretudo a da Páscoa, que praticamente coincidia com a cristã [...]. Ainda mais importantes eram as do Ano Novo e da Reconciliação.[10]*

Edith Stein nasce num dia festivo, o *Yom Kippur*,[11] na cidade de Breslau, antiga Alemanha, hoje Wroclav, Polônia, no dia 12 de outubro de 1891, o

---
9 STEIN, Edith *apud* HERBSTRITH, Waltraud; RICHARD, Marie-Dominique. *Edith Stein, a loucura da cruz*. São Paulo: Editions du Signe, 1998, p. 6.
10 STEIN, Edith *apud* KAWA, Elisabeth. *Edith Stein - a abençoada pela cruz*. São Paulo: Quadrante, 1999, p. 9.
11 Festa judaica da reconciliação, considerado o dia do Grande perdão.

que para a família, piedosa, é um sinal de grande bênção de Deus para a vida da menina.

Edith, na falta de um ensinamento religioso pautado pela educação e pela abertura plena, vê-se descrente da religiosidade praticada pela família e abraça com certeza as práticas empíricas, aceitando somente o que se pode provar, passando assim a denominar-se ateia.

A fé ressurgirá de novo em sua vida passados 17 anos, desta vez praticada no Cristianismo, trazido à tona graças à Fenomenologia, pois a investigação acerca das essências das coisas possibilitou-a ao exercício de libertação dos pré-juízos, *epoké*, sem o qual não teria retomado o pensamento de Deus, incentivada por Max Scheler e por Edmund Husserl, permitindo a crença no transcendente, libertando-a assim do pensamento idealista pós-kantiano.

> *[...] não me levou, contudo, a fé; somente me abriu um novo campo de fenômenos frente aos quais não podia permanecer insensível. Não tinham de forma alguma que repetir tanto (na escola de Husserl) que era preciso contemplar qualquer coisa sem preconceitos, arrojando fora todas as lentes: assim cairiam todas as barreiras dos preconceitos racionalistas em meio aos quais havia crescido sem sabê-lo, e o mundo da fé se abria (provisoriamente) diante de mim.*[12]

Mas o encontro, por excelência, dá-se com a mestra Teresa D´Ávila, que lhe fora apresentada por

---

12 STEIN, Edith *apud* SECRETARIATUS GENERALIS PRO MONIALIBUS. Santa Teresa Benedicta de la Cruz, Edith Stein. Roma: Casa Generaliza Carmelitani Scalzi, 1998, p. 8.

um escrito autobiográfico; a leitura a tomou de tal maneira que se viu presa, por toda a noite, e pela manhã; ao terminá-la, deparou-se com a face da verdade almejada: Jesus Cristo.

Eis o marco decisivo de sua vida, sendo a mística da Igreja aquela que lhe revelará, segundo a própria Edith Stein, a Verdade, em 1922, já com a idade de 31 anos.

Edith Stein tem no batismo o reencontro com as suas raízes, com o Cristo irmão, não somente em caráter espiritual, mas também por laços de sangue, e assim pode viver sua hebraicidade sem medo, sem temor.

2. Universidade e Cruz Vermelha

Edith Stein, desde a mais tenra idade, buscava a Verdade que, para ela, precisava ser demonstrada e para isso, no ano de 1911, matricula-se na Faculdade de Estudos Germânicos de História e Psicologia da Universidade de Breslau, com a autorização da mãe, que reconhecia nela tal capacidade intelectual, fato inusitado para as mulheres da época.

> *A senhora Stein permitiu a contragosto que Edith Stein se transferisse para Göttingen. Vinha observando o desenvolvimento intelectual da filha mais nova com orgulho, mas também com preocupação, e não lhe tinha passado despercebido que perdera a fé na infância. Embora a jovem continuasse a acompanhá-la à sinagoga, não o fazia por convicção nem por necessidade interior. Por isso receava*

que, se viesse a entregar-se inteiramente ao estudo da Filosofia, acabasse por sucumbir ao liberalismo.[13]

As questões políticas e sociais interessam-na muito, por isso, desde o início de sua vida acadêmica, pretende colocar-se a serviço do povo e do Estado.

A decepção para com a ciência psicológica não demorou a acometê-la; no seu modo de ver, ela era inconsistente.

Tomada pela leitura das *Investigações lógicas*, já em 1913, muda-se para a cidade de Göttingen para participar das aulas de Filosofia e Fenomenologia ministradas pelo então Dr. Edmund Husserl; para tanto, lê e compreende os 2 volumes das *Investigações Lógicas* (*Logische Untersuchungen*), demonstrando sua grande capacidade intelectual, fato este tido como novo e surpreendente até mesmo para o autor.

> *Minha cara Göttingen! Creio que só quem aí estudou entre os anos 1905-1914, no tempo da breve floração da escola fenomenológica, pode calcular o quanto faz vibrar em nós a evocação desse nome. Eu tinha vinte e um anos e estava cheia de esperança quanto ao futuro.*[14]

Ao concluir sua formação para lecionar no ensino médio, resolve fazer o doutoramento e escolhe o tema da Empatia, tendo como orientador o mestre Husserl.

---
13 KAWA, *op. cit.*, p. 20.
14 STEIN, Edith *apud* HERBSTRITH, Waltraud; RICHARD, Marie-Dominique. *Edith Stein, a loucura da cruz*. Tradução de Manuel Ordóñez Villarroel, OCD. São Paulo: Editions du Signe, 1998, p. 10.

> *Husserl afirmava que a "intersubjetividade" era um dos principais meios para se chegar a ter uma ideia digna de confiança do mundo exterior: isto é, para avaliar até que ponto determinado conhecimento estaria de acordo com a realidade, seria conveniente que diversas pessoas procurassem experimentar essa realidade e depois se pusessem de acordo quanto às suas percepções. Ora, para poderem pôr-se de acordo, seria necessário que tivessem capacidade de pôr-se no lugar do outro, de ver o mundo através dos seus olhos, e é a essa capacidade que a doutoranda dá o nome de Empatia.*[15]

Um fato inesperado, mas ao mesmo tempo marcante acontece, em 1915, na vida de Edith Stein, com o estouro da Primeira Grande Guerra Mundial. Diante do envio de amigos, interrompe seus estudos e inscreve-se na Cruz Vermelha para servir como enfermeira num hospital de moléstias contagiosas, sua primeira experiência verdadeira com a morte.

> *Eu dizia a mim mesma: agora não tenho mais vida pessoal. Toda a minha força pertence ao grande acontecimento. Quando a guerra terminar, se eu ainda estiver viva, poderei então novamente pensar nos meus próprios planos. Naturalmente, coloquei-me à disposição sem condições. Com efeito, não tinha outro desejo senão o de partir o mais depressa possível, de preferência ao fronte, a um hospital de campanha.*[16]

---

15 KAWA, *op. cit.*, p. 32.
16 STEIN, Edith *apud* HERBSTRITH, Waltraud; RICHARD, *op. cit.*

Um número excessivo de candidatos aos serviços hospitalares, e o seu pedido de licença por alguns dias aprovado por tempo indeterminado, levam-na a afastar-se da fronte, sua ajuda já não é mais necessária.

Num futuro breve, Edith vai tentar de novo alistar-se para o serviço na Cruz Vermelha, só que desta vez sua solicitação não será atendida.

Em fins de 1915 resolve voltar a trabalhar em sua tese de doutoramento, seguindo para Friburgo, para ser assistente do mestre Husserl, que havia aceitado uma cátedra universitária.

> *Apoiando-me, para começar, sobre algumas alusões de Husserl nos seus cursos, numa primeira parte escolhi examinar o ato da* Einfühlung, *como uma operação particular do conhecimento. Partindo daí, passei ao que me interessava e, particularmente, que será a preocupação de todos os meus trabalhos ulteriores: a estruturação da pessoa humana.[...] Sobre estes problemas, os cursos e escritos de Max Scheler tinham-me sido de grande ajuda, assim como as obras de Wilhelm Dilthey.*[17]

Obteve, em agosto de 1916, a nota máxima, *summa cum laude,* para se dimensionar seu empenho a respeito do tema, o trabalho era em três volumes.

> *Edith era certamente uma das dez ou doze doutoras que houvera nos últimos cinco séculos na Alemanha. E obteve o título em tempo recorde – quatro*

---

17 *Ibid.*, p. 13.

anos, quando o normal teriam sido ao menos oito –, à força de dedicação e de esforço.[18]

Ser assistente de Husserl exigia uma série de características específicas para o cargo, sendo que o conteúdo produzido por ele era imenso e denso, o que a colocava sempre em alerta, com olhar clínico sempre apurado.

> *Como estava familiarizada com a evolução das ideias de Husserl, era capaz de identificar rapidamente textos que se completavam, outros que ainda precisavam ser revistos e aprofundados, e outros que, por já estarem superados, podiam ser deixados de lado; e assim, com admirável segurança e destreza, foi eliminando pilhas inteiras de manuscritos acumulados havia décadas.*[19]

Posteriormente abandona suas aspirações intelectuais, em 1918, por estar decepcionada, enquanto assistente particular de Husserl. Edith Stein sentia-se como "secretária acadêmica", o que de longe era seu objetivo, mas tal fato não terá mudança pela incapacidade de Husserl em trabalhar em colaboração.

A partir de 1919 até 1923, dedica-se ao trabalho de pesquisa científica em Breslau, sendo o ano de 1921 o ano da sua conversão na casa de campo do casal Conrad-Martius, amigos do círculo de fenomenologistas de Göttingen também convertidos do Judaísmo para o Cristianismo Luterano. Nos anos de 1923 a 1931, torna-se professora no

---
18 KAWA, *op. cit.*, p. 34.
19 *Ibid.*, p. 35

Instituto de Educação de Santa Maria Madalena, no Liceu de Spira e no Seminário de professores. Nos períodos compreendidos entre 1928 a 1932, apresenta-se como conferencista nas jornadas de estudo pedagógico em diversos congressos na Alemanha e no exterior: Praga, Viena, Salzburg, Bâle, Paris e outros. Em 1932, encarrega-se de ministrar cursos no Instituto Alemão de Pedagogia de Münster, tendo seu trabalho interditado pelos nazistas, que haviam assumido o poder em 1933.

3. O Carmelo

Com tal fato, Edith Stein pôde antecipar um sonho que tinha desde sua conversão, em 1922: entregar-se inteiramente a Deus. Isso ela o faz dando o primeiro passo ao entrar no Carmelo de Colônia, em 14 de outubro de 1933. E o fará de forma significativa com seu sacrifício cruento no campo de concentração.

> *Há quase doze anos o Carmelo tem sido a minha aspiração. [...] tive de esperar pacientemente, conforme o meu diretor espiritual me havia aconselhado, embora no final a espera se fizesse muito dura. [...] conformei-me com isso, mas agora os obstáculos haviam ruído. A minha atividade chegara ao fim. Quanto à minha mãe, não preferiria ver-me num convento na Alemanha a ver-me partir para uma escola na América do Sul.*[20]

---

20 KAWA, *op. cit.*, p. 67.

Edith Stein realiza-se ao fazer posteriormente, em 1938, sua profissão solene consagrando-se assim inteira Àquele que tanto a amou.

A investida nazista contra os judeus, na conhecida Noite de Cristal, com demonstrações de ódio e repúdio pelos mesmos, faz com que Edith Stein procure preservar as irmãs de clausura, aceitando a própria transferência para o Carmelo de Echt na Holanda. Um ano mais tarde, sua irmã Rosa Stein, também convertida ao Catolicismo, junta-se a ela. Justamente em 2 de agosto de 1942, Edith Stein e a irmã são presas pela Gestapo, em represália ao manifesto do clero holandês contra as atrocidades nazistas, sendo detidas no campo de Westerbork ainda na Holanda. Passados cinco dias, são deportadas para o campo de concentração de Auschwitz-Birkenau, vindo a serem mortas na câmara de gás, no dia 9 de agosto de 1942.

4. Cronologia de Edith Stein

1891 (12 outubro): nascimento em Breslau, no dia da Reconciliação.

1908-1911: estudos no Liceu Vitória.

1911: bacharelado.

1911-1913: estudos de Psicologia, Letras e História na Universidade de Breslau.

1913-1915: estudos de Filosofia, de História e Letras na Universidade de Göttingen e encontro com Edmund Husserl.

1915 (janeiro): exame estadual em Propedêutica Filosófica, História e Letras.

1915: alistamento voluntário na Cruz Vermelha: enfermeira no Hospital de doenças contagiosas de Mährisch-Weisskirchen.

1916 (3 de agosto): defesa de tese para obtenção do grau de doutora em Filosofia na Universidade de Friburgo im Breisgau – tema da tese: "O problema do *Einfühlung*" (a Empatia), tese inaugural. Halle, 1917.

1916-1918: assistente particular de seu professor Edmund Husserl.

1919-1923: trabalho de pesquisa científica em Breslau.

1922 (1 de janeiro): batismo, profissão de fé, ato concreto da conversão ao Catolicismo.

1923-1931: professora em Santa Madalena, no Liceu de Spira e no Seminário de professores.

1928-1932: conferencista nas jornadas de estudo pedagógico em diversos congressos na Alemanha e no exterior (Praga, Viena, Salzburg, Basileia, Paris etc.).

1932-1933: encarregada de cursos no Instituto Alemão de Pedagogia de Münster.

1933: interdição de trabalho imposta pelos nazistas à população não ariana.

1933 (14 de outubro): entrada no Carmelo de Colônia-Lindenthal.

1934 (15 de abril): tomada de hábito. Edith Stein escolheu o nome de Teresa Benedita da Cruz.

1935 (21 de abril): votos temporários.

1938 (21 de abril): profissão solene (perpétua).

1938 (1 de maio): tomada de véu na presença de Dom Stockums, bispo auxiliar de Colônia.

1938 (31 de dezembro): refugia-se no Carmelo de Echt na Holanda.

1942 (2 de agosto): prisão pela Gestapo e detenção no campo de Westerbork, na Holanda.

1942 (7 de agosto): deportação para o campo de concentração de Auschwitz-Birkenau.

1942 (9 de agosto): morta na câmara de gás em Auschwitz.

1962 (4 de janeiro): abertura do processo de beatificação em Colônia.

1972 (2 de agosto): encerramento do processo diocesano – envio dos autos a Roma.

1972-1980: exame dos trabalhos realizados.

1987 (1 de maio): beatificação de Edith Stein, em Colônia, pelo Papa João Paulo II.

1998 (11 de outubro): canonização de Edith Stein em Roma.

II. Sentido e possibilidade de uma Filosofia Cristã; uma proposta epistemológica

Filosofia Cristã, o pensamento moderno e contemporâneo

Pretendemos, neste capítulo, apresentar de que forma Edith Stein postula a possibilidade de entendimento entre a Filosofia da Idade Média e a existente nos tempos moderno e contemporâneo. Para isso, a filósofa destaca que a problemática não se caracteriza tanto pela diferença de linguagem entre os períodos, mas muito mais pelas atitudes diferentes diante da relação entre *saber* e *crer*, entre a *Filosofia* e a *Teologia*.

Filosofia, para ela, é considerada uma ciência puramente natural cuja única fonte de conhecimento deve ser a experiência natural e a razão, mas não se pode negar o direito de inspirar-se na revelação. Em comparação com a base da Filosofia da Idade Média, que se desenvolveu à sombra da doutrina da fé, a Filosofia desenvolve-se dentro de um período histórico, que não é suprassumido, mas que, pelo contrário, é presente na constituição e formação dos períodos posteriores.

> *Na verdade revelada viu a medida de toda Verdade; esforçou-se assiduamente por resolver as tarefas que lhe impunham as doutrinas da fé; tinha confiança nesta fé como uma força que dá ao*

entendimento humano uma maior segurança em seu trabalho natural.[21]

Num primeiro momento, a Filosofia Moderna e a Contemporânea aparentam não ter nenhum diálogo com a Filosofia Cristã, parece que trabalhar em conjunto diante de direções tão distintas seria impossível, o que, de certa maneira, para São Tomás de Aquino seria questionável, porque ele acreditava numa Filosofia baseada somente na razão natural sem apoiar-se na verdade revelada. A prova disto é a sua inclinação para Aristóteles e os árabes, bem como a sua tentativa de diálogo à luz dos argumentos estritamente racionais.

> *Existem dois caminhos que conduzem à Verdade, e se bem a razão natural não pode chegar a esta Verdade suprema e mais elevada, pode alcançar um grau em que é possível excluir certos erros e demonstrar a harmonia entre a verdade provada pela razão e a verdade da fé.*[22]

Portanto, se existe um caminho e um campo de trabalho comum para todos aqueles que buscam a verdade, segundo São Tomás de Aquino, é evidente que a ciência natural e a fé, a Filosofia e a Teologia não estão separadas umas das outras como se não houvesse entre elas nada em comum.

---

21 STEIN, Edith. *Ser finito y Ser eterno – ensayo de una ascensión al sentido del Ser*. México D. F.: F. C. E., 1994, p. 31.
22 *Ibid.*

> Em sua apresentação da solução tomista, Jacques Maritain indica que é importante, em que concerne ao sentido e à possibilidade de uma Filosofia Cristã, distinguir a natureza e o estado da Filosofia. Segundo sua natureza, a Filosofia é completamente independente da fé e da Teologia. Mas a natureza da Filosofia se realiza pouco a pouco segundo condições históricas concretas.[23]

Estando a Filosofia em desenvolvimento dentro de nós, num processo natural, chamado pela doutora Stein de formação e organização dinâmica do espírito, ela será como toda atividade de conhecimento, de investigação e de juízo relacionada a um objeto. Portanto, a Filosofia se especifica unicamente pelo objeto-matéria.

> A Filosofia está aqui entendida como uma "expressão e formação do espírito", como uma maneira de "conhecer, de explorar e de julgar"; refere-se, pois, a uma coisa real e está caracterizada segundo sua natureza, "não por outra coisa senão por esta coisa real".
>
> Uma expressão do espírito significa uma fixação num certo sentido, e um uma certa possibilidade de atividade (o caminho da potência ao hábito). Quando se fala de conhecer, investigar, julgar, se pensa menos em uma vida espiritual contínua que no ato respectivo, na atividade viva.[24]

Assim, pode-se atribuir à Filosofia dois significados primeiros: fazer Filosofia e ter uma vida

---
23 *Ibid.*, p. 32.
24 *Ibid.*

espiritual, e um terceiro que é mais significativo: a Filosofia é uma ciência.

Para Edith Stein (1994, p. 32): "o filósofo é filósofo inclusive nos momentos em que não filosofa".

A palavra "ciência", tanto no conceito filosófico como no teológico possui o mesmo sentido num primeiro momento e um outro especificamente na área teológica: o sentido de dom do Espírito.

Já a lógica e a teoria moderna da ciência entendem por ciência uma formação de ideias, que tem sua existência fundamentada não nos seres espirituais, e sim nos empíricos: uma construção de noções, de juízos e de argumentos, por vezes categóricos.

> *O que faz de uma ciência um todo que possui uma unidade interna e coerente, o que a delimita em relação com as demais ciências é sua relação com certa categoria de objetos, e sua limitação marcada por essa categoria que prescreve as regras que devem seguir-se. Se a ciência deve entender-se como uma formação que não depende de um só espírito pensante e que não está ligada a ele, pressupõe-se, no entanto, um ente e espírito conhecedor frente a ela, e ainda espíritos formados de tal maneira que possam conhecê-la progressivamente. Se entendermos a ciência nesta concepção, a palavra seguirá tendo um duplo sentido que corresponde à diferença entre natureza e estado.*[25]

---
25 *Ibid.*, p. 33.

Edith Stein, ao trabalhar o significado de ciência como um dos significados da Filosofia dos mais importantes, reporta-se ao mestre Edmund Husserl, o pai da Fenomenologia Contemporânea, que atribui ao nome ciência justamente o seu sentido, isto é, o de saber e de alerta que na "ciência possuímos a verdade".

> *A ciência geralmente é a condensação de tudo o que o espírito humano tem realizado na busca da verdade: condensa-se assim em criações que se desprendem do espírito investigador e que agora possuem uma vida própria.*[26]

1. Linguagem, Sentido e Verdade

Tratar a questão da compreensão de um sentido é fundamental na concepção steiniana de ciência, mesmo a ciência sendo considerada, muitas vezes e em determinados momentos, fragmentada, com erros e desvios, ou até mesmo com deformações da verdade, tudo é parte do processo de interação do espírito humano e está condicionado aos seus esforços.

Vale, assim, retratar a ciência como ela realmente é e não segundo nossa ideia; explorar todas as possibilidades de uma determinada matéria é impossível ao espírito humano, na sua condição terrestre, apesar de termos esta impressão. Ela ainda observa que o ideal seria termos matérias com proposições verdadeiras, dentro de um contexto estritamente racional, formador de uma teoria fechada, caracterizando-se como

---

26 *Ibid.*, p. 34.

uma ciência perfeita; o que na realidade, e numa realidade histórica, inexiste. É impossível se chegar à totalidade da realidade. O que existe é a imagem, fruto de esforços e investigações, sendo, ao mesmo tempo, estas representações finitas.

Quando indaga sobre as imagens, se ela é referência de todas as matérias ou de algumas delas, mostra-se clara a preocupação da filósofa na compreensão do processo de apreensão do objeto-matéria e do verdadeiro significado do que se vê com o que verdadeiramente é.

Edith Stein tenta, com o auxílio do método fenomenológico, demonstrar que mesmo no exercício rigoroso da análise do objeto-matéria, o conhecimento do mesmo pelo sujeito é parcial e nunca pleno; dentro desta fundamentação pergunta-se: a imagem que se tem da matéria refere-se a todas as matérias ou a algumas delas? O conhecimento é progressivo, dá-se no percurso, ou seja, no processo vivencial.

Na questão da verdade, a doutora foge à regra da verdade proposicional; na manifestação da relação, há o contato com o *verum* e não com a *veritas,* o que está em notoriedade é a questão da verdade; o objeto-matéria não a apresenta a nós como ela é, sem, no entanto, deixar de ser reflexo da verdade; este é o conhecimento possível diante da matéria.

Ela recorre assim à Linguagem para refletir sobre a verdade de uma experiência dizendo:

> *A proposição como figura linguística é a expressão de uma ideia que eu compreendo com minha*

inteligência; se constrói a partir de uma série de expressões compreensíveis.[27]

Cabe a tentativa de compreender melhor como as questões da Verdade e do Sentido foram entendidas e trabalhadas no decorrer da história da Filosofia, mais ainda pelos filósofos da Linguagem, contemporâneos da autora. Edith Stein preocupa-se em delinear a possibilidade de um percurso metafísico da Filosofia, o que contraria a corrente neopositivista do Círculo de Viena.

O Círculo de Viena se reúne com o intuito de proporcionar diálogos e produções direcionados para o campo da Ciência, inviabilizando a possibilidade do pensamento metafísico, mesmo na questão da linguagem (é fato que a linguagem será instrumento de estudos de outras correntes filosóficas). Alguns filósofos da Linguagem transformam e condicionam a possibilidade do conhecimento humano aos limites do mundo sensível, que, de certa forma, torna improvável o existir e o falar de Deus ou sobre Ele.

Vale atentar para os filósofos Frege, Russell e Wittgenstein, que com suas teorias revolucionaram o pensamento lógico, bem como aprofundaram a proposta da linguagem na virada para o século XX, sendo até o presente momento suas influências atualíssimas e pertinentes.

A questão da linguagem jamais se ausentou da Filosofia, em particular entre os gregos, mas ela

---
27 *Ibid.*

adquiriu uma importância muito particular na Filosofia Contemporânea.[28]

2. Sentido e Verdade em Frege

Frege tenta, num primeiro momento, fazer uma separação analítica entre pensar e representação, "o sentido de uma proposição assertória não pode conter nada que seja subjetivo, que é qualquer representação",[29] o sentido não se confunde com as representações subjetivas e não é o próprio objeto, o sentido traz uma informação, um conhecimento, abre um ponto de vista. Assim, a representação é a imagem interna que o sujeito do conhecimento formula sobre a realidade.

Frege busca, por meio do pensamento – que para ele é comunicar ou afirmar algo –, compor o valor verdade de um sentido, que deve ser sentença assertória; para Frege, as sentenças assertórias em si exigem um valor verdade.

> *Sentido é o conteúdo da proposição ou o ingrediente principal daquele conteúdo. Aceitar o pensamento expresso por uma proposição particular é entender aquela proposição.*[30]

---

28 LACOSTE. *A Filosofia no século XX*. São Paulo: Papirus, 1998, p. 19.
29 SILVA. Marilúze F. de Andrade e. *Pensamento e linguagem: Platão, Aristóteles e a visão contemporânea da Teoria Tradicional da Proposição*. Rio de Janeiro: Pós-Moderno, 2002, p. 247.
30 FREGE, G. *apud* SILVA, Marilúze F. de Andrade e. *Pensamento e linguagem: Platão, Aristóteles e a visão contemporânea da Teoria Tradicional da Proposição*. Rio de Janeiro: Pós-Moderno, 2002, p. 247.

Enquanto para Edith Stein a proposição como figura linguística é a expressão de uma ideia, para Frege o sentido de uma expressão é seu significado linguístico, assim o sentido é dado no comunicar, no dito.

> O sentido de uma expressão é seu significado linguístico, o significado que é conhecido a qualquer pessoa familiarizada com a linguagem e pela qual nenhum conhecimento de fato extralinguístico é requerido, o sentido é o que nós compreendemos quando é dito que entendemos uma expressão.[31]

Frege propõe um realismo que não é pautado pela percepção do mundo exterior, mas que pressupõe um mundo de pensamentos e ou proposições independentes da subjetividade, que podem ser descobertos pelas ciências. Assim, uma proposição não deixa de ser verdadeira mesmo quando não se pensa nela. A bem da verdade, Frege ainda está preso ao *verum*, mas com uma tentativa considerável em se chegar à *veritas*. Pode-se perceber uma certa proximidade da análise Fregeana com a Steiniana no que tange à constituição do pensamento, do descobrir e compreender por meio da interioridade.

3. Sentido e Verdade em Russell

> Para Russell, até os nomes próprios da linguagem comum não são esses símbolos simples, que designam diretamente os indivíduos e que a análise deve destacar graças à quantificação.

---
31 *Ibid.*, p. 244.

> *Na realidade, esses nomes não passam de descrições definidas abreviadas e disfarçadas, de perífrases descritivas que se devem igualmente eliminar de uma língua bem construída.*[32]

Russell não acreditava que proposições pudessem ser verdadeiras ou falsas, independentemente do seu sentido, como pensava Frege. A proposição, na sua visão, é simplesmente um símbolo, composto de partes, e essas partes também são símbolos, isto é, nomes.

A existência das coisas, para Russell, dá-se pelo conhecimento imediato da percepção; nesta perspectiva assemelha-se também à concepção de Edith Stein, que traz na sua filosofia o rigor da escola fenomenológica na busca pelas coisas mesmas.

Edith Stein acredita também nesta percepção e vai trabalhá-la na aplicação do processo fenomenológico de Empatia, que fora a tese de seu doutorado.

Retomando o pensamento russelliano, acredita-se que a verdade da linguagem está na estrutura dos símbolos que compõem a proposição, que colocando sempre em evidências as variáveis e os predicados das frases pode se saber, realmente, seu valor verdade. O mundo está determinado num mundo finito, sujeito aos símbolos, sujeito ao real, sem possibilidade de transcendência.

Deste modo, para Russell, a verdade de uma proposição depende de três fatores: primeiro, se os nomes que formam a proposição apresentam uma referência empírica; segundo, se o sujeito lógico da

---
32 LACOSTE, *op. cit.*, p. 31.

sentença se faz único, isto é, apresenta unicidade e; em último e terceiro lugar, se o predicado convém ou não ao sujeito. O que nos permite afirmar que o autor, em analogia ao pensamento de Edith Stein, teria alcançado apenas o *verum* e não a *veritas*.

4. Sentido e Verdade em Wittgenstein

Wittgenstein, na concepção pictórica do significado, dentro do *Tratado lógico-filosófico*, procura caracterizar, em primeiro lugar, na linguagem o fato de fixar a realidade por meio da proposição, em que, por sua vez, cada nome está em relação com um objeto correspondente.

Procura assim descrever, com exatidão e rigor, a realidade que corresponderia à existência e não existência de um estado de coisas. Como diz no aforisma (4.023):

> *A realidade tem que ser fixada pela proposição em sim ou em não. Para isso, ela tem que ser completamente descrita pela proposição. A proposição é a descrição de um estado de coisas. Tal como a descrição de um objeto é feita segundo as suas propriedades externas, assim a proposição descreve a realidade segundo as suas propriedades internas. A proposição constrói um mundo com a ajuda de um andaime lógico, por isso se pode também ver na proposição, como tudo se relaciona logicamente, se ela é verdadeira. É possível tirar inferências de uma proposição falsa.*[33]

---
33 WITTGENSTEIN, L. *Tratactus logico-philosophicus*. São Paulo: Edusp, 2001, p. 56.

No *Tratado lógico-filosófico*, a linguagem está orientada para uma função descritiva, pode-se assim, se falar de uma teoria representacional da linguagem, com uma estrutura preordenada. O referido autor já dizia, no próprio introito do livro, que sua principal tarefa era determinar a natureza essencial da proposição do exposto. Segue-se, no aforisma (4.002):

> *O homem possui a capacidade de construir linguagens com as quais pode expressar qualquer sentido sem ter nenhuma noção de como e do que significa cada palavra – tal como se fala sem se saber como os sons individuais são produzidos.*
>
> *A linguagem corrente é uma parte do organismo humano e não menos complicado que este.*
>
> *É humanamente impossível extrair imediatamente dela a lógica da linguagem. A linguagem mascara o pensamento.*[34]

Para o filósofo, a linguagem demonstra sua complexidade, por isso a questão da verdade não é identificada de pronto ao se deparar com as proposições.

Assim, a verdade ou a falsidade de uma proposição depende sempre de uma comparação com o mundo; os elementos, os nomes sozinhos nada dizem.

A proposição será verdadeira quando corresponder a um estado de coisas reais, o que está fora do mundo real não pode ser dito. Assim, Deus, o belo e o ético são não ditos, perda de tempo, como ele mesmo retrata no fim da sua obra no aforisma

---

34 *Ibid.*, p. 52.

(6.54): "Acerca daquilo de que não se pode falar, tem que se ficar em silêncio".[35] A linguagem é limitada e está presa aos elementos que existem no mundo. Wittgenstein vai dizer, no aforisma (5.6): "Os limites da minha linguagem significam os limites do meu mundo".[36] Não posso, portanto, pensar nada que esteja fora do mundo.

A ideia de recorrer à linguagem para refletir acerca da verdade em Edith Stein é compreendida não como mera opinião, e sim como um saber; a proposição não é somente a expressão de uma ideia compreensível, senão que é verdadeira e que algo lhe corresponde em verdade.

> *Quando se fala de verdades, segundo o uso da língua, fala-se de proposições verdadeiras. É uma expressão pouco exata. A proposição não é uma verdade (veritas) senão algo verdadeiro (verum). Sua verdade (no sentido estrito) consiste em estar em conformidade com um ente e significa que lhe corresponde algo que existe independentemente dela.*[37]

A doutora considera que a verdade de uma proposição descansa no ser verdadeiro, é o ser fundado em si mesmo, é o que dá fundamento à proposição.

Não somente na ciência humana, enquanto busca do conhecimento correto, mas enquanto meta a ser alcançada por todos, a Verdade está acima de

---
35   *Ibid.*, p. 142.
36   *Ibid.*, p. 114.
37   STEIN, E. *Ser finito y Ser eterno – ensayo de una ascensión al sentido del Ser*. México D. F.: F. C. E., 1994, p. 35.

toda ciência, sendo válidos os esforços dispensados, colocados a serviço desta busca.

Toda proposição ocupa-se de um objeto que, no contexto, é o sujeito da proposição, lembrando sempre que o importante nesta proposição é o *composto*, e é este *composto* que dá sentido à mesma, que faz com que a proposição seja a expressão dos estados de coisas existentes.

Desse modo, é possível um sujeito estar de fora, analisando a relação que se dá entre um outro sujeito e um objeto, é possível pensar o outro sujeito em relação com o objeto sendo parte do processo, na apreensão do *composto*, e assim sucessivamente. Como numa cadeia interminável, pode-se ter um sujeito que pensa o *composto* (sujeito-objeto) e, ao mesmo tempo, ter outro sujeito que, da mesma forma, pensa este novo *composto* que surge. Portanto, assegura-se a possibilidade de três termos no processo consciente e intencional do conhecimento.

Será que se pode analisar o *composto* como um só termo?

O que distingue o *composto* é o fato de haver na relação dois termos racionais e outro não.

No entanto, especificamente, os estados de coisas existentes não estão fundados em si mesmos, mas seus fundamentos baseiam-se nos objetos, possuindo cada objeto-matéria uma estrutura interna que se relaciona entre si em posição de consonância com o ente.

Edith Stein dirá que a "multiplicidade de possibilidades de expressão para o mesmo estado de coisas se deve à riqueza dos diferentes membros desse estado de coisas".[38]

O espírito conhece, diante dessa multiplicidade, o estado de coisas progressivamente mediante o contato com suas estruturas.

> Nos estados de coisas, as proposições já estão fundadas enquanto possibilidades de expressão, desta maneira existem antes que um espírito humano as tivesse pensado e antes de terem sido esvaziadas na matéria de uma língua humana, em sons e signos da escritura.[39]

Postulando a Ciência como ideia subjacente a todo conhecimento humano, é possível ser entendida a expressão pura de toda matéria, na qual o ente se manifesta segundo a sua própria ordem.

Outro problema que se levanta é quanto aos estados de coisas.

É possível saber se todos os estados de coisas correspondem a um só objeto?

Mesmo diante da possibilidade de se analisar o estado de coisas do objeto bem como a sua área, percebe-se que o estudo do mesmo é inesgotável, o que garante a constância, a continuidade do processo experimental da ciência nas suas descobertas. Nunca se estudaram ou são estudados suficiente todos os temas; a Ciência, no ponto de vista da realidade existente, nunca chegará ao seu fim. Talvez, neste ponto, situe-se uma possível falha do sistema

---
38 Ibid.
39 Ibid.

wittgensteiniano, extremamente reduzido ao Neopositivismo, sobretudo no que concerne à primeira fase de seu pensamento. A mesma crítica não se aplicaria ao Wittgenstein das *Investigações filosóficas*, todavia isso poderá ser fruto de estudos posteriores.

> *A existência de uma multiplicidade de ciências está fundada sobre a divisão do ente e uma série de secções de objetos unidos entre si por suas características e delimitados uns em relação aos outros.*[40]

5. O lugar da Filosofia

Edith Stein busca pelo verdadeiro lugar da Filosofia, seu *ethos*; para tanto e diante de tal indagação reporta-se novamente a Maritain, que vai tratar claramente da acessibilidade que deve ter o conhecimento filosófico, sem, no entanto, ser alcançado por esforços meramente humanos dos quais só se obtém a negação e não a definição.

Já para São Tomás de Aquino fica clara a distinção que se deve fazer, por exemplo, entre a Filosofia e a Teologia. O entendimento de São Tomás no que tange à Filosofia é a do conhecimento das ciências naturais, devendo estar no campo da razão humana, definição que corresponde ao pensamento do Medievo, que não se preocupava em fazer distinção das ciências e seus campos de estudos.

Contudo, nos tempos atuais, diante de ciências tão distintas em seus métodos e tematizações,

---
40 *Ibid.*, p. 36.

diante da fragmentação do conhecimento, e até mesmo do individualismo científico, a tarefa da Filosofia não perde sua função – que permanece a mesma, a de observar e pensar todas as ciências, mesmo quando entre elas não haja nenhuma correlação.

Quando se trata de estudos científicos, e estudos que não se esgotam num tempo predeterminado, as diversas ciências, mesmo que tentem ignorar a presença e a importância da Filosofia, necessariamente devem recorrer à mesma como um retorno às suas raízes, e com certeza, ao encontrar-se com elas, percebem que são raízes profundas e espessas.

> Nenhuma ciência pode proceder arbitrariamente, seu método está prescrito pela natureza de seu campo concreto. Por isto na origem das ciências tem um pequeno espírito criador que se esforça seriamente por estabelecer as noções fundamentais. [...] Uma vez estabelecido o método, é possível aprendê-lo e exercitá-lo como uma tarefa.[41]

Edith Stein alerta para a existência de ciências que não estabelecem critérios e noções fundamentais básicas para seus trabalhos, de modo a se lançarem em viagens, em explorações aventureiras, em terras desconhecidas tomando caminhos desconhecidos.

Com tal lançamento em terras e caminhos desconhecidos, como bem diz a filósofa, estas ciências, desamparadas e distantes de seus objetivos, veem-se

---

41 *Ibid*, p. 37.

forçadas a voltarem aos princípios básicos como a única salvação.

Mediante tal pensamento pode-se reportar ao campo da Psicologia do século XIX, que saltou sobre a noção de alma, numa tentativa racionalizante de conceituá-la sem levar em consideração os fundamentos religiosos e teológicos já existentes, perdendo seu verdadeiro sentido. Assim, o que restou foi muito pouco, sobrando uma Psicologia sem alma, equivocada, tentando acomodar a alma e a seus movimentos, simplesmente nos sentidos, eliminando da alma, do espírito, a inteligência e a vida. Este pensamento, já no século XX, com seus posicionamentos questionados, vive hoje uma redescoberta da função do espírito. Considera-se a busca por uma ciência do espírito uma das mudanças mais importantes da ciência para os tempos atuais.

Para Edith Stein: "A tarefa da Filosofia é esclarecer, consiste em esclarecer os fundamentos de todas as ciências".[42] O que lembra o posicionamento da Filosofia Analítica.

Ela entende que os conhecimentos naturais, juntamente aos dados já conhecidos, formam um conhecimento pré-científico que influencia, direta ou indiretamente, em grandes ou em poucas quantidades, a ciência. Quando tal processo se dá num ramo específico e em uma determinada ciência, pode-se dizer que o sujeito do processo está atuando como filósofo.

---

42 *Ibid.*

Aqui se pode perceber a relevância que é dada ao conhecimento em toda sua plenitude, e como é tido como pré-ciência, participa ativamente no processo de desvelamento científico, como afirma São Tomás de Aquino, *perfectum opus rationis* (um trabalho perfeito da razão).

A clareza, o esclarecimento pleno, é o objetivo da Filosofia que não se contenta pura e simplesmente com resultados provisórios, mesmo porque, nos estados de coisas, não são esgotadas as possibilidades de proposicionar-se, sendo geradas inúmeras formas e possibilidades de conhecê-los. Os homens são conduzidos naturalmente, impelidos pelo entendimento e pelos sentidos, pelo desejo de conhecer, a buscar a plenificação do conhecimento, levados a chegar até o último elemento compreensível, até a estrutura do ente.

> *A investigação do ser e do ente como tal é a tarefa de que Aristóteles, em sua Metafísica, designou como a filosofia primeira; esta mais tarde foi chamada de Metafísica. Cabe aos setores da Filosofia, que são a base das ciências particulares, tratar as diferentes categorias fundamentais do ente. Assim, se estabelece de novo a relação entre a Filosofia e as ciências particulares: se um dia o trabalho de filosofia se encontra terminado e se todas as ciências particulares forem construídas sobre os princípios fundados por ela, então essas ciências seriam verdadeiramente filosóficas e nós nos encontraríamos frente a uma unidade da ciência que corresponderia a uma unidade do ente.*[43]

---

43 *Ibid.*, p. 38.

Ao analisar a compreensão que se faz da Metafísica, no seu tempo, e do verdadeiro sentido do ser e do ente, Edith Stein reporta-se ao trabalho hermenêutico de Martin Heidegger, creditando e unindo-se a ele na questão da necessidade sobre aclarar-se o sentido do ser e, ao mesmo tempo, nesta mesma questão, apresenta duas objeções ao sentido que ele dá para o ser.

Heidegger apresenta a necessidade de aprofundar-se na compreensão do ser pelo homem a fim de apreender o significado do ser. Nota que o fundamento da Metafísica poderia descobrir-se numa discussão sobre a finitude do homem ao ver a razão da possibilidade desta compreensão.

Mediante o parecer heideggeriano, a doutora Stein expõe duas objeções: na primeira, contrariamente ao pensamento heideggeriano, afirma que a Metafísica trata da questão do ser enquanto tal e não somente relacionada ao ser humano; na segunda, a compreensão do ser não faz parte da finitude enquanto tal, pois existem seres finitos que não possuem a compreensão do ser, sendo a compreensão dele o que diferencia o ser pessoal e espiritual dos demais seres.

No que diz respeito a estar *in via*,[44] a Filosofia e as ciências particulares caminham em direções totalmente distintas, o que não as impede, muitas vezes, de terem tarefas recíprocas, semelhantes e até mesmo

---

44 *In via* caracteriza o caminho, o percurso terrestre a que estão condicionados todos os homens, bem como suas ciências e sabedorias, dentro de parâmetros limitados, sujeitos à temporalidade, à finitude.

conjuntas, e na medida em que se aprofundam no processo, acentua-se a proximidade.

Tal estado pertence ao homem, à humanidade como um todo, ao homem condicionado à temporalidade e às limitações do seu momento histórico, pois a história, os descobrimentos de respostas para os questionamentos filosóficos e científicos, dá-se de maneira gradativa, processual, sem, entretanto, ter acesso total e infinito a tudo que existe e acontece.

No entanto, quando o homem estiver *in pátria*,[45] a sabedoria e a ciência que possui, em parte serão substituídas pela sabedoria divina em toda sua plenitude e perfeição, revelando-se de maneira espetacular, fazendo ver com um só olhar o que a inteligência humana havia tratado de acumular no curso de seus esforços milenares e, muito mais, talvez o que nunca o homem tivesse pensado e/ou desejado.

---

45 *In pátria*, refere-se à pátria celeste, pois muito mais que um local é um estado, estado este de participação do ser divino em toda a sua plenitude.

III.
Bases para uma Filosofia Cristã

Ao descrever as questões relacionadas à Verdade, Sentido, Linguagem, e ao apontar o lugar da Filosofia na visão steiniana, cabe, de forma reflexiva, abandonando os preconceitos dogmáticos e religiosos, pensar, juntos, com Edith Stein a respeito da existência e funcionabilidade de um estado cristão de Filosofia como uma perspectiva ainda em plena atividade em atuação.

É interessante notar como ela se apoia e muito no amigo Jacques Maritain, bem como no pensador Gabriel Marcel para fundamentação e embasamento de seus pensamentos acerca da proposição feita.

Maritain descreverá, como uma de suas interpretações, baseado na concepção de estado cristão da Filosofia, que o espírito do homem vive hoje um estado de graça, que vem tornando-o fortificado, purificado, mas não plenamente, não de forma absoluta; não chega a ser uma imunização, está em processo, naquilo em que cabe à Filosofia, enquanto atitude espiritual, *habitus*, e enquanto atividade espiritual, *ato*.

Atribui-se também a este estado cristão de Filosofia a possibilidade de pensar temáticas tidas como estranhas numa outra perspectiva, e agora com sentido, por estarem relacionadas ao pensamento cristão, como a ideia de criação.

> *Isto compete à Filosofia enquanto ciência: o que nos tem sido transmitido como Filosofia da época cristã contém os materiais que datam do mundo do pensamento cristão. Além disso, o mundo visto pelos olhos da fé tem adquirido um novo significado.*[46]

O dado que é oferecido ao filósofo é um mundo obra do Verbo (*logos*), cuja comunicação se dá, assim, do espírito infinito ao espírito finito.

A Filosofia Cristã tem em si uma nova perspectiva, a nova possibilidade de ir além na sua visão de mundo, sai da condição puramente empírica, da Filosofia Pura, estereotipada e transcende numa nova realidade; ela pode pensar livremente, pode refletir, indagar-se, enfim, filosofar, falar com amor filial sobre o que está fora do mundo sensível.

Edith Stein atenta para o filósofo que quer compreender o ente até as últimas causas, ele precisa não ter receio em estender suas reflexões até o campo da fé, para além do que é acessível de maneira natural, quase que em concomitância ao mesmo pensamento de que está repleta a Filosofia Cristã.

O fato é que existem entes que só podem ser acessados por meio da experiência sobrenatural, pela revelação, pois que estão inacessíveis à experiência natural; atingir o *primer ente*[47] só é possível por essa experiência com o sobrenatural, o viés é a fé e a Teologia.

---
46 STEIN, *op. cit.*, p. 40.
47 *Primer ente*, tem o significado de "primeiro ente", Deus, que aqui também pode ser objeto de conhecimento, mas de um conhecimento absoluto. Utilizando-se disso, Edith Stein justifica os entes que só podem ser conhecidos por meio da revelação e não por obra da razão natural.

> [...] *o que a revelação nos comunica não é simplesmente algo incompreensível, senão algo compreensível que não pode ser percebido nem provado por fatos naturais; não pode ser captado totalmente (é dizer que não pode ser esgotado por noções), logo, isto é algo incomensurável, é inesgotável cada vez que nos faz conhecer de si mesmo no que quer; no entanto, é compreensível em si para nós, o é na medida em que nós recebemos a luz e compreendemos os fatos que não são unicamente naturais.*[48]

A Filosofia tem como grande função especular, trabalhar a questão do ente até as últimas causas, como já foi dito, e muito mais, trabalhar de acordo com a fé e a Teologia.

Num primeiro momento, Edith Stein reconhece que colocar em conformidade o pensamento filosófico pode parecer um tanto negativo, mas não para o filósofo que crê, ele está amparado, coloca à luz da verdade revelada sua inteligência e suas descobertas.

Estar sujeito a outrem que pense e creia como ele, o filósofo, é uma grande graça e, ao mesmo tempo, um exercício, pois todos estão sujeitos ao erro.

Se para muitos pode parecer subserviência intelectual, aqui cabe trazer à luz a palavra do Evangelho que aponta a unidade, a união de dois ou mais como ponto primordial para a Teofania, mais propriamente a manifestação do Cristo.

A quem possui ressalvas quanto à prática da revelação como fonte de conhecimento e meio

---

48 STEIN, *op. cit.*, p. 40.

para a prática filosófica, Edith Stein diz ser possível, natural e acessível à inteligência humana o dizer. A linguagem da revelação oferece dados para uma formação conceitual, puramente filosófica, pode fazer abstrações dos fatos e apresenta, no fim, contributos para toda Filosofia e para as filosofias posteriores.

A doutora cita os conceitos de substância e pessoa na conceituação cristã, atenta para o fato de que a Filosofia, na busca do ente, na busca do esgotamento acerca do ente, muitas vezes encontra-se impossibilitada de explicar algumas questões como a da origem da alma humana; se esta se apropria da ciência da fé, torna-se assim Filosofia Cristã da qual se utiliza como fonte de conhecimento.

Não é porque tratamos de assuntos pertinentes à Teologia, nas obras filosóficas, que elas perdem o caráter, o rigor na aplicação dos métodos, enfim, perdem a característica de ciência filosófica. Se assim fosse, perder-se-ia a autonomia na Filosofia em percorrer as diversas dimensões e os diversos assuntos referentes à natureza, à criação do mundo e à constituição da pessoa humana.

Mas é evidente que a caracterização de uma doutrina da fé favorece um duplo conhecimento: da razão natural e da revelação divina. Tudo que provém das verdades da fé, leva a acreditar ser marcado por este duplo conhecimento. Para a doutora Stein a fé é uma *luz escura* porque, mesmo percebendo, mesmo possuindo entendimento, algo ainda é incompreensível, "tudo que é compreensível parece repousar no incompreensível".[49]

> Assim, em nosso parecer a Filosofia Cristã não é somente o nome para designar a ideologia dos filósofos cristãos nem só a designação do conjunto de doutrinas dos pensadores cristãos, senão que significa melhor o ideal de uma perfectum opus rationis que havia conseguido abraçar em uma unidade o conjunto do que nos oferecem a razão natural e a revelação.[50]

A Filosofia Cristã, vivida na Idade Média, tem na sua estruturação justamente a tentativa de formar este conjunto partilhante e, ao mesmo tempo, coeso entre a razão natural e a revelação. Jacques Maritain, na obra sobre Filosofia Moral, relata as coisas nas quais nossa natureza não tem força para crer: "a morte que nós vemos e a perfeita felicidade que não vemos. [...] Todos os homens procuram a beatitude, sem nela crerem".[51]

É justamente a proposta que a Filosofia Cristã traz para além dos períodos, mesmo porque a busca postulada por Maritain é perene,[52] sua necessidade não está atrelada ao período do Medievo, mas o ultrapassa. Mesmo com a chegada do Modernismo que busca

---
49 STEIN, op. cit., p. 43.
50 Ibid., p. 44.
51 MARITAIN. A Filosofia Moral: exame histórico e crítico dos grandes sistemas. Rio de Janeiro: Agir, 1973, p. 99.
52 Jacques Maritain acreditava que se o homem não tivesse sido elevado ao estado de graça, se fosse deixado no estado natural e a braços com as forças da natureza, não poderia falar ou atingir a beatitude, ou seja, alcançar a Deus mesmo enquanto objeto de sua ventura. Como ventura determina ser o fim último da vida subjetiva.

o retorno ao pensamento grego antigo; da contemporaneidade com o Neopositivismo, a "morte de Deus", o desenvolvimento da Filosofia da Ciência, principalmente no Círculo de Viena em suas novas descobertas; com a retomada da Lógica Moderna com grandes pensadores como Frege, Russell e Wittgenstein; com o surgimento da Fenomenologia de Husserl e de Edith Stein e da Hermenêutica de Heidegger e Gadamer, ainda sim a presença da Filosofia Cristã é marcante. Pode-se perceber sua atualidade na busca de explicações para os grandes problemas psicossociais hoje vividos. Fala-se em crise na Modernidade, mas os livros, os artigos sobre a temática são impressionantes, apresentando como uma das soluções, novamente, a busca pelo místico, pelo transcendente.

> *A perfeição completa do ideal em direção ao qual tende a Filosofia, enquanto busca da sabedoria, é unicamente a sabedoria divina mesma, a visão simples pela qual Deus se compreende a si mesmo e a tudo criado. A realização suprema que pode ser alcançada por um espírito criado – seguramente não por si mesmo – é a visão gloriosa de Deus e o de unir-se a Ele: o ser adquire a participação do conhecimento divino vivendo a vida divina.*[53]

Edith Stein apresenta como maior e melhor meio de se chegar ao conhecimento divino, ainda na terra, a vida mística que se obtém por um ato, anterior e fundamental, ou seja, a fé autêntica, vivida, experienciada.

---

53 STEIN, *op. cit.*, p. 44.

A filósofa, ao aprofundar-se em sua outra obra, *A ciência da cruz*, fala na noite da fé como via para a União divina. A fé, pela Igreja e pela Sagrada Escritura, tem a definição de virtude sobrenatural que permite crer na verdade divina revelada e excede todo entendimento humano, traz a luz em meio às trevas do conhecimento acerca do divino; é uma linguagem, mas uma linguagem sobrenatural, divina.

> *Mas é por isso também que a fé traz a luz à alma: um conhecimento com absoluta certeza, que supera todo e qualquer outro conhecimento e ciência, de modo que só se chega à verdadeira concepção de fé pela perfeita contemplação.*[54]

Assim, quando o homem está disposto a vivenciar, experienciar a fé, vivencia e experimenta a Deus, Deus sujeito, meta da fé. O homem, nessa adesão, ama o que é divino, contempla-O e as suas obras, pois "a fé é uma percepção de Deus".[55]

A fé não pode ser tida por evidente ou por verdade segundo as leis da lógica. Ela está no campo da percepção dos sentidos: "A fé exige de Deus mais que verdades particulares, ela quer a Deus mesmo, que é a Verdade, o Deus inteiro; capta sem ver".[56]

Edith Stein, ao tratar da Filosofia Cristã, apresenta, como sua maior tarefa, o preparo para o caminho da fé. Assim, a Filosofia antecede o caminho

---

54 STEIN, Edith. *A ciência da cruz*. São Paulo: Loyola, 2002, p. 57.
55 *Id. Ser finito y Ser eterno – ensayo de una ascensión al sentido del Ser*. México D. F.: F. C. E., 1994, p. 45.
56 *Ibid.*, p. 46.

da fé e possibilita colocar toda a humanidade frente a Deus.

Já para os que não creem, a fé torna-se desafio, objeto de preocupações, indagações, contestamentos. Surge uma certeza que é merecedora do questionamento e da reflexão filosófica.

IV.
O *ethos* humano na concepção de Edith Stein

Irmã Jacinta Turolo Garcia, brasileira especialista em Edith Stein, vai confirmar *A ciência da cruz* como a grande obra madura (humana e espiritual) da filósofa. Nela, pode-se ver a junção consciente e objetiva da Filosofia com a vida mística e o seu descobrimento como facilitadores do entendimento da pessoa humana, o que não impede a utilização de outras obras como aporte.

Segundo Elisabeth de Miribel, uma das primeiras biógrafas de Edith Stein, a obra *A ciência da cruz* apresenta um grau de clareza mais alto com o auxílio dos resultados das pesquisas modernas sobre a filosofia da pessoa, com a introdução do vocabulário de palavras como "eu, liberdade, pessoas", até então desconhecidas de São João da Cruz.[57]

> [...] *à luz desse texto, que trata da pessoa e da liberdade da pessoa humana, todas as obras anteriores ganham um novo sentido. É certo que o tema da pessoa humana é central em todos os escritos de Stein, mas é justamente na ciência da*

---

[57] Frade e místico carmelita, reformador do Carmelo junto a Santa Tereza D'Ávila, modelo a ser seguido no conhecimento profundo da Cruz de Cristo. Compôs a maioria dos seus poemas na prisão. Foi preso injustamente por ter aberto inúmeros conventos masculinos a pedido da Santa Madre Teresa de Jesus. São João da Cruz, doutor da Igreja, inspirará uma quantidade grande de outros santos que surgirão, inclusive Santa Teresa Benedita da Cruz (Edith Stein).

> *cruz que a fenomenóloga e a mística, ao tratar da alma, do eu, da liberdade, atinge o ponto máximo de sua concepção personalista.*[58]

Na obra comemorativa citada acima, que trata acerca da experiência mística de um doutor da Igreja e que, num primeiro momento, apresenta-se de cunho totalmente teológico, descobre-se, ao ler o texto, a liberdade que tem a filósofa em discorrer sobre os diversos campos de conhecimento sem, no entanto, perceber atribuição de privilégios a nenhum deles. Trabalhar a história, a estrutura psicológica, temas filosóficos, teológicos e místicos lhe são familiares, inerentes, constitutivos.

Convém lembrar que Edith Stein é husserliana no método que aplica nos estudos filosóficos. Ela bebe da fonte de Göttingen; respira este ar; impregnada de Fenomenologia, credita, à intencionalidade, o desejo de conhecer, tendo como um dos diferenciais de sua obra a maneira de entender o processo de constituição das criaturas e da sua relação com o Criador, a única fonte inesgotável, bem como a relação sujeito-objeto.

> *É nas obras escritas no Carmelo que encontramos seus mais completos conceitos pedagógicos, pois é nelas que o Ser pessoal do homem aparece em sua plena abertura do Ser Eterno. Em* Endliches und Ewiges Sein *e em* Kreuzewissenschaft *entendemos a verdadeira formação humana que*

---
58 GARCIA, Jacinta Turolo. *Edith Stein e a formação da pessoa humana*. São Paulo: Loyola, 1999, p. 26.

> *é encontro com o Ser Pessoa no qual se verifica o ser em sua Plenitude [...] o homem precisa realizar sua plenitude possuindo-se a si mesmo, expandindo suas possibilidades, num caminho ascendente do exterior para o interior, do finito para o infinito.*[59]

Convicta da necessidade de se pensar a dignidade humana, vê-se encaminhar para pensar e produzir a respeito da humanidade; de forma encarnada está nela a preocupação com temas relacionados à pessoa humana, à sua constituição.

Explica-se o homem a partir do Ser; na mútua relação da alma e corpo, o homem é lugar do Ser.

> *Para ela, o homem se explica a partir do Ser, do espírito, pela constante referência a Deus, também pela correlação singular de seus elementos, na mútua relação de alma e corpo. O homem aclara, a seu modo, o problema do ser porque é ele o lugar do ser.*[60]

Sua concepção de pessoa humana não permite a dissociação do todo que é o homem e de sua composição e, ao tratar disso, Stein traz à tona a realidade constitutiva plena deste entendimento: corpo, alma e espírito.

> *A pessoa implica em espiritualidade. O homem enquanto pessoa é ser espiritual, cujo espírito tem algo peculiar: uma interioridade, um centro, a partir do qual se possui plenamente, está em si mesmo e por ele é capaz de sair de si mesmo. O entrar e*

---
59 *Ibid.*, p. 49.
60 *Ibid.*, p. 57.

sair de si mesmo são dois movimentos essenciais da pessoa.[61]

1. O ser pessoa humana

"Se falarmos aqui da natureza do homem, pensamos na essência do homem, enquanto tal, compreendido aqui o fato de que ele é pessoa".[62]

O que faz o homem ser homem é a sua essência, essência que é o espírito, permitindo-o mover-se para fora de si mesmo, sem perder nada de si. O ser humano possui um corpo, uma alma e um espírito.

O espírito humano, condicionado pelo que lhe é superior e inferior, está atrelado a um produto material que o anima e o forma em vista da corporeidade.

Existe uma relação correlativa, porque, ao mesmo tempo em que o espírito humano anima, conduz o corpo e a alma, também é conduzido por eles; faz-se necessária a relação para a verdadeira constituição da pessoa humana, existe assim uma tríplice dimensão do homem.

O espírito humano é visível para si mesmo, percebe o presente, relaciona-se com o passado, de onde veio, sem lembrar-se inteiramente dele, com lacunas neste conhecimento; ao mesmo tempo, é impotente no prever o futuro com precisão.

Há duas áreas penetradas pelo espírito humano consciente: a do mundo exterior e a do mundo

---

61 *Ibid.*, p. 58
62 STEIN, Edith. *Ser finito y Ser eterno — ensayo de una ascensión al sentido del Ser*. México D. F.: F. C. E., 1994, p. 379.

interior. O exterior é compreendido pelos sentidos que percebem um estado de coisas, tudo o que não pertence ao "eu"; também compreende tudo que está no mundo interior dos outros espíritos, captados pela percepção exterior.

Já no mundo interior, Edith Stein detém-se em abordar aspectos relacionados ao "eu" na sua vida consciente, na vida presente e em todas as implicações passadas e futuras.

> *Eu reflito sobre um problema difícil e trato em vão de encontrar uma solução. Enfim, o abandono, pois hoje estou atolondrado. Não posso perceber minha tonteira pelos sentidos externos [...] não posso, tampouco, estar imediatamente consciente [...] Mas a experimento, ela me comunica da mesma maneira como experimento um facão na bainha que recusa cortar o pano. A forma original de tal experiência é o ponto de partida de juízos e conclusões posteriores e, conservada na memória, nos conduz a reunir um conjunto sólido de experiências que nos permitem conhecer-nos a nós mesmos. Esta forma a chamamos com Husserl percepção interior.*[63]

2. O corpo

> *O fato de que a cabeça tem relação com o pensamento, concerne a grande série de questionamentos sobre a relação entre alma e corpo. O que é a alma? O que é o corpo? É a alma algo que percebo e que experimento interiormente ou é ela o todo constituído de um corpo e de uma alma?*[64]

---
63 *Ibid.*, p. 381.
64 *Ibid.*, p. 382.

O corpo inteiro é uma coisa física, perceptível aos sentidos externos, mas esta percepção externa possui limites, não é plena; por outro lado, possui-se a percepção interna, percebe-se o corpo também de dentro, porque é corpo animado e não somente uma massa corporal.

O corpo é domicílio inato, pode-se sentir, o que se passa com ele e nele e, ao mesmo tempo, percebê-lo.

As sensações dos processos físicos são manifestações vitais como o pensamento, a alegria, a dor, o sofrimento, o frio.

Sendo tocado o corpo, toca-se também o "eu".

O "eu" está presente em todas as partes do corpo: os processos corporais são inclusos na vida pessoal. Cada movimento constitui um ato pessoal, que se refere a um mesmo corpo, sentido e compreendido. "O ser humano não é somente um eu puro, nem unicamente um eu espiritual, senão também um eu corporal".[65]

Evidentemente o corporal, assim como difere de massa corpórea, não é só corporal, está animado por uma alma, é um conjunto, existe num enlaçamento necessário existencial.

3. A alma

Para Edith Stein, a alma é o núcleo do ser, está presente em todo ser que traz em si a potencialidade de autoformação; ela não está somente no núcleo, mas muito mais, é o ponto de partida, por se encontrar no

---
65 *Ibid.*, p. 383.

interior do ser. Cada alma é um mundo interior, um mundo em si mesmo sem, no entanto, estar distante do conjunto. No homem, a alma tem uma vida distinta do corpo e um significado próprio.

Enquanto a alma animal está condicionada ao mecanismo que gera o equilíbrio no interior e no exterior, sem exercício de liberdade, a alma humana, consciente e desperta, com os olhos voltados em direção também ao interior e ao exterior, vê-se livre, condicionada numa liberdade de receber e aceitar. "De fato é graças à liberdade que ele consegue aquilo que os animais obtêm mediante os instintos [...] o homem se realiza gradual e livremente".[66]

A alma é a mediação entre a vida corpórea e a espiritualidade.

> *A divisão tradicional tripartida: corpo-alma-espírito não devem entender-se como se a alma do homem fosse um terceiro reino entre outros dois que existem independentemente dela. Nela, a espiritualidade e a vida sensível coincidem e se enlaçam.*[67]

O que garante a relação é a percepção, que aqui se apresenta como conhecimento e também como ação do espírito.

> *A alma é o "espaço" em meio ao todo formado pelo corpo, a alma e o espírito. Enquanto a alma sensível habita em todos os membros e partes do corpo,*

---

66 MONDIN, B. *Definição filosófica da pessoa humana*. Bauru: Edusc, 1998, p. 12.
67 STEIN. *Ser finito y Ser eterno – ensayo de una ascensión al sentido del Ser*. México D. F.: F. C. E., 1994, p. 386.

> *recebe dele e faz sobre ele formando-o e mantendo-o. Como princípio espiritual, ela transcende para além de si mesma e olha um mundo situado para além de seu próprio eu: um mundo de coisas, de pessoas, de fatos; comunica-se com ele inteligentemente, e dele recebe impressões; enquanto alma no sentido próprio, habita em si mesma, e nela o eu pessoal está como em sua própria casa.*

Quando a doutora Stein caracteriza a alma como o espaço, espaço interior, livre para o transitar do "eu", encontra-se com a mística Teresa D'Avila que, na obra *Castelo interior*, narra a partir da própria experiência que a alma é como se fosse um castelo em que o divino esposo (Deus) pode circular livremente em companhia da alma esposa, aquela que desde todo o sempre está predestinada a ser sua, que veio de Deus e retornará para Ele, num relacionamento único de amor, amor incondicional, perene, imutável.

A alma vive do que recebe a partir da sua experiência com o espiritual. Assim como o corpo tem necessidade de alimento material para a sua subsistência, a alma também precisa de alimento espiritual.

4. Tríplice perspectiva da noite

A cada reflexão feita à luz da obra *A ciência da cruz*, percebe-se que a autora entende, na vida e na obra de São João da Cruz, o percurso existencial a que todos os homens são chamados, existência que sensivelmente é notada pela vida natural buscada além da empiricidade, mas dentro de cada homem numa tríplice perspectiva da noite mística, noite apresentada como percurso e norte para o objetivo final: o reencontro com a fonte da existencialidade, Deus. A fé não tem conotação de crença no não comprovável ou observável; mas com muita propriedade, a filósofa apresenta-a como a que está em atividade diante do apagamento das atividades sensoriais e do entendimento natural da razão.

Ao analisar *Noite escura*, poema do grande místico São João da Cruz, Edith constata o grande louvor rendido a Deus, como forma de reconhecimento pelo processo de libertação a que foi introduzida a alma. Salienta a existência de dois estados da noite escura: a noite ativa e a noite passiva.

Vale, *a priori*, demonstrar a tríplice perspectiva da noite escura, que se desenrola no processo de libertação (já mencionado anteriormente): *ponto de partida, caminho e objetivo final*.

O *ponto de partida* é justamente, relacionado com o mundo sensível, o lugar em que se vive; é o lugar dos apegos, das raízes, no qual são constituídas as vidas; suprem-se ali as necessidades básicas, primárias e secundárias, e cedem-se espaços aos desejos mais banais. Edith Stein relaciona o ponto de partida com a "fonte de nossas alegrias e prazeres".[68]

A alma deve renunciar a este estado de mundo, na noite, sente-se desestruturada, abalada e amedrontada diante do novo, do novo obscuro, ainda

---

68 STEIN, Edith. *A ciência da cruz*. São Paulo: Loyola, 2002, p. 46.

não identificável, "numa escuridão espessa, comparável a um nada".[69]

O *ponto de partida* também é chamado de noite escura dos sentidos, por São João da Cruz; não se trata de extinguir as percepções existentes, mas de dar-se espaços a percepções que se encontram veladas na relação direta com o mundo exterior; é preciso aprender a ouvir e a ver coisas que até então eram ocultas. "O que deve mudar é a nossa atitude fundamental face ao mundo sensível".[70]

Para se ter lugar para Deus há necessidade de esvaziar-se. Em todo este esforço pode-se perceber, na noite ativa que se completa com a ação da noite passiva, a ação do próprio Deus.

> *Não é preciso insistir mais em que essa entrada na noite escura dos sentidos equivale a espontaneamente tomar sobre si e aceitar a cruz. Mas o simples aceitar a cruz ainda não leva à morte na cruz; ora, para atravessar inteiramente a noite é preciso que o homem morra para o pecado. O homem pode oferecer-se à crucifixão, mas não pode crucificar-se a si próprio. Eis por que aquilo que foi iniciado pela noite ativa tem de ser completado pela noite passiva, isto é, pelo próprio Deus.*[71]

Onde parece estar o nada, na realidade, existe um caminho; assemelha-se ao nada, ao incerto, suscita o medo, mas apresenta-se como *caminho*, comparado com a espessa noite, por justamente proporcionar

---
69 *Ibid.*, p. 56.
70 *Ibid.*, p. 47.
71 *Ibid.*, p. 49.

um encontro com Deus, por não depender da luz da razão para guiá-lo. O caminho é seguro: é o caminho da fé. Fé que é o fundamento da esperança, a certeza daquilo que não se vê, e muito mais, fé que é graça, concedida pelo próprio Deus.

O *objetivo final* também é uma noite; estando a alma unida a Deus ainda não o vê claramente, pois ainda não está preparada para tamanha luz e perfeição.

> *O desaparecimento do mundo sensível é como o cair da noite, quando ainda resta uma luminosidade crepuscular, resquício da claridade diurna. Mas a fé é como a escuridão da meia-noite, porque neste ponto acham-se apagados não só a atividade dos sentidos, mas também o entendimento natural da razão. Quando, enfim, a alma encontra o próprio Deus, é como se rompesse em sua noite a alvorada do dia da eternidade.*[72]

O homem depende da intervenção de Deus, todo o processo está intimamente relacionado à ação de Deus no homem que se entrega ao processo libertário. "À medida que morre o homem carnal é que se dá a ressurreição do homem espiritual".[73]

5. O "eu"

Aqui, explicitamente pode-se reportar ao pensamento socrático do "conhece-te a ti mesmo". De forma nítida e clara, Stein apresenta os elementos que

---

72 *Ibid.*, p. 46.
73 *Ibid.*, p. 55.

tornam possíveis os reencontros consigo mesmo, pessoa humana, no movimento dialético do homem exterior para o interior e do interior para além dele, como para o mais profundo de si, no descobrir-se conscientemente, proporcionando a si mesmo um encontrar-se com o "eu".

> *Quando interpretamos a pessoa como eu e o eu como suporte da própria vida, caracterizamos o modo particular, segundo o qual a pessoa é o suporte de sua própria vida. Em Deus não há diferença entre a vida e a essência, nem entre o ser e a essência. Porém, onde a essência e a vida não coincidam, o portador de uma ou outra se traduzirá por algo diferente.*[74]

Na alma, o "eu" pode mover-se livre, e é lá justamente o lugar onde ele encontra e experimenta sua liberdade.

> *[...] o "eu" não se apresenta nunca na forma do abstrato* cogito *cartesiano e kantiano, mas como ato de presença em qualquer lugar ou "onde" (Wo) isto é, como se diz hoje, "colocado numa situação".*[75]

Edith Stein entende por "eu" o ente cujo ser é vida num desenrolar-se, numa constituição a partir de si mesmo: é o ser consciente de si mesmo. O "eu" não é idêntico à alma e tampouco ao corpo, no entanto

---

74 STEIN, Edith *apud* GARCIA, Jacinta Turolo. *Edith Stein e a formação da pessoa humana*. São Paulo: Loyola, 1999, p. 58.
75 POSTULAÇÃO GERAL OCD *apud* GARCIA, Jacinta Turolo. *Edith Stein e a formação da pessoa humana*. São Paulo: Loyola, 1999, p. 18.

habita no corpo e na alma, estando presente em cada parte deles, tendo como centro um ponto específico do corpo e algum lugar da alma, posto que tanto o corpo como a alma lhe pertencem, conferem o nome de "eu" ao homem inteiro.

Mesmo com estas ligações, existem momentos na formação e desenvolvimento do corpo, como o crescimento, a capacidade intelectual, os momentos de contemplação e de adoração e mesmo o desenvolvimento que corresponde diretamente à atividade e à vida da alma, que não são percebidos pelo "eu".

A vida do "eu" é o caminho de entrada da alma e a sua vida escondida, assim como a vida dos sentidos é o caminho que conduz ao corpo. Cabe ao "eu", livre da experiência primitiva, fazer a análise introspectiva da alma, que se lhe apresenta como um objeto, como uma coisa substancial.

O "eu" é livre, dono de seus atos, determinador dos mesmos, atributos dos campos dominados pela pessoa.

Edith Stein, no entendimento do "eu", dirá:

> *Temos concebido a pessoa enquanto eu, que abarca o corpo e a alma, penetra pelo entendimento e domina por sua vontade como suporte levantado por debaixo e por cima de todo o psicofísico e como forma de plenitude que une tudo.*[76]

---

76 STEIN, Edith. *Ser finito y Ser eterno – ensayo de una ascensión al sentido del Ser*. México D. F.: F. C. E., 1994, p. 391.

6. A sacralidade da vida humana

Pode-se assim reconhecer a sacralidade do homem, enquanto ente que se estrutura realmente pessoa humana, ao deparar-se com o ar misterioso de sua composição: sendo pessoa em processo, numa realidade não terminada, sem o ser em plenitude, mas com imensa vontade de alcançá-la.

> *O ser humano é um ser que possui um corpo, uma alma e um espírito. Enquanto o homem é, por sua própria essência, espírito, ultrapassa a si mesmo com sua vida espiritual e entra no mundo que se abre diante dele, sem que perca nada de si. Nele se revela sua essência, como em todo produto real, ao expressar-se de modo espiritual, mesmo em seus atos inconscientes e, sobretudo, ao atuar pessoal e espiritualmente. A alma humana, enquanto espírito, eleva-se em sua vida espiritual acima dela mesma. No entanto, o espírito humano está condicionado pelo que lhe é superior e pelo que lhe é inferior: está contido num produto material que ele anima e constitui de acordo com sua forma corporal. A pessoa humana carrega e engloba seu corpo e sua alma, mas ela é, ao mesmo tempo, levada e envolta por eles. Sua vida espiritual se eleva de um fundo obscuro, sobe como chama de um círio brilhante, alimentada, porém, por matéria que não é luminosa. Brilha sem ser totalmente luz: o espírito humano está presente a si mesmo, mas não é totalmente transparente. Pode iluminar outras coisas sem transpassá-las por completo. Já conhecemos suas trevas.*[77]

---

77 STEIN, Edith *apud* GARCIA, Jacinta Turolo. *Edith Stein e a*

O ar misterioso mencionado acima está justamente retratado no relato em que os elementos matéria e espírito, luz e sombra, o atuar pessoal e espiritual estão condicionados na mesma pessoa humana, são elementos que se contrapõem e se conciliam na constituição da pessoa humana.

Deve-se dar os devidos valores a cada componente da estrutura humana; o *corpo* não é puramente massa corpórea, e sim corpo animado; a *alma* é a ponte que liga o corpo ao espírito sendo partícipe da vida sensível e da vida espiritual; o *espírito* é a essência do homem, essência que possibilita este mesmo homem adentrar em um mundo até então desconhecido; o *espírito* é a porta.

O filósofo italiano Battista Mondin, ao refletir acerca da pessoa humana, dirá, na sua análise sobre o homem como valor absoluto, que não pode ser instrumentalizado, pois pertence à ordem dos fins e não à dos meios, não devendo ser manipulado, demonstrando assim como e em que grau de importância deve se preocupar a Filosofia ao analisar a pessoa humana.

> *Se o homem é só corpo, só matéria, ele se torna necessariamente uma realidade manipulada, instrumentalizada e, portanto, não pode ter um valor absoluto, mas sim um valor instrumental; não mais simplesmente um fim, mas somente um meio.*[78]

---

formação da pessoa humana. São Paulo: Loyola, 1999, p. 59.
78 MONDIN, B. *Definição filosófica da pessoa humana*. Bauru: Edusc, 1998, p. 38.

Existe uma finalidade no processo de autoconhecimento da pessoa humana em que o homem, descobrindo-se, vê em si a imagem de Deus se clarificando.

Conhecer-se possibilita conhecer a Verdade; assim, passar a porta de Parmênides (que aqui pode ser lembrado sem temor) exige o lançar-se, o ato primeiro de adentrar. O processo que acontece é de revelação, que, com certeza, não se dará por completa, enquanto o homem estiver no condicionamento corpóreo, ainda diante do *verum*. É provável que se dê com a morte, morte física; provável, pois após a porta só cabem hipóteses, especulações, mas há a certeza de que a pessoa humana conhecerá, em plenitude, pela fé.

É um processo interior, sem perder de vista as luzes próprias do exterior e suas expressões; o conhecer exige a passagem pelo exterior, sendo que a pessoa é um conjunto, tem a tríplice dimensão: *corpo, alma* e *espírito*.

O projetar-se livremente do homem, para si e para os outros, sem levar em consideração o espaço e o tempo a que ele está sujeito, só pode ser atribuído à existência da realidade imaterial e espiritual.

O homem não é um ser meramente jogado no mundo, é factual, o homem não é órfão. Existe um projeto para o homem, construtivo, que é proposto pela Verdade, encontrada por Edith na obra Teresiana. "Existem, pois, origens comuns e identificação real que permitem ao sensível fazer compreender o espiritual".[79]

---

79 STEIN, Edith. *A ciência da cruz*. São Paulo: Loyola, 2002, p. 43.

Stein apresenta-nos a justificativa para se valorizar o exterior ao traçar o viés de mudança interior, pois a mudança interior se dará pela contemplação do exterior. Como carmelita, monja de vida contemplativa, sabe que, à medida que contempla o Cristo e os sinais explícitos da religiosidade, o seu interior vai se moldando a esta imagem.

> *A obra exterior do artista pode se tornar uma barreira para sua transformação interior, o que não deveria acontecer. Pelo contrário, a obra exterior poderá servir à formação interior do artista, pois a imagem interna irá se aperfeiçoar à medida da perfeição da imagem externa. Se não houver nenhuma influência desfavorável, a configuração externa da imagem tornar-se-á configuração interna, norma de conduta que induzirá à imitação de Cristo.*[80]

---

80 *Ibid.*, p. 14.

V.
A vocação do homem e da mulher de acordo com a ordem natural e da graça

A temática acerca da vocação do homem e da mulher analisada a partir da obra de Edith Stein, *A mulher: sua missão segundo a natureza e a graça*, aparece neste respectivo trabalho por ela acreditar que a vocação do homem – e quando diz homem, fala-se sobre a pessoa humana, homem e mulher –é uma das constituições que garantem o *ethos* digno do homem. A vocação é que ajuda o manifestar-se no homem da imagem e semelhança de Deus.

Edith Stein vive num tempo de grande levante dos movimentos feministas, na luta pelos direitos das mulheres, por seu lugar, enquanto pessoa humana, com direitos iguais, sem deixar de viver sua vocação específica.

Em uma primeira problemática, para a autora, o que significa ter vocação?

Por muitas vezes atribui-se a palavra vocação à escolha da profissão que se vai optar posteriormente aos estudos; com referência à mulher, as dificuldades eram maiores, mesmo porque ela era cerceada no que tange à prática profissional.

Outra questão levantada pela autora é se as mulheres também teriam o direito de ingressar na vida profissional, e, em acontecendo, de que forma se daria. Vale a pena demonstrar esta característica de Edith Stein, a preocupação com a condição feminina, uma de suas lutas e reflexões.

Ao apontar esta segunda questão, a autora não se limita a trabalhá-la como única problemática na análise da vocação ou mesmo na análise do *ethos*. Para ela é importante falar do todo, mesmo porque as diferenças e desordens que se cometem em relação à mulher passam pela inteligibilidade do homem, e por uma inteligibilidade machista formada em séculos de mesma postura. Cabe remeter-se à *polis* grega, em que somente os homens eram contados como verdadeiros partícipes das decisões políticas; assim, precisa-se, na visão steiniana, implicar os dois no processo de transformação: homem e mulher.

No texto proposto é trabalhada a vocação do homem e da mulher, numa primeira perspectiva harmoniosa, numa contextualidade. A história de ambos é construída concomitantemente, desde sempre. Não se negam as discriminações e marginalizações ocorridas e ocorrentes, mas, ao contrário, busca-se demonstrar a condição unívoca destes como copartícipes do processo criador da humanidade, igualitariamente.

De forma necessária, a natureza do ser humano está atrelada a uma certa vocação que garante o lugar do homem em sociedade, em comunidade, faz com que este produza para o outro, e também para si. Em Edith Stein existe a necessidade de ir em direção ao outro, de viver em comunidades organizadas, participativas, responsáveis pelo processo construtivo das mesmas, libertando-se assim de uma mentalidade individualista, subjetivista.

A pessoa encontra seu lugar na vida com o amadurecimento de sua vocação, sendo que a natureza humana, assim como o caminho percorrido, não é, para ela, obra do acaso, e sim obra de Deus.

Se existe vocação é porque existiu um chamado, um chamado específico para algo específico, de maneira clara, objetiva; e se existe uma especificidade, existe uma pessoa capacitada; "existe, então, na natureza do ser humano uma certa vocação, uma predestinação a uma profissão, isto é, à ação e ao trabalho".[81]

O termo "vocação", do latim *vocare*, significa chamar para fazer algo, pressupõe-se assim a existência de dois interlocutores no processo vocacional: um que chama e outro que responde. Deus é aquele que chama, constrói, a partir daí, um plano perfeito, mesmo porque não se pode esperar imperfeição de quem tem sua essência toda perfeita. Este chamamento supõe uma característica toda particular, individual, para algo que só o homem individualizado pode realizar; este mesmo homem, na sua efetiva participação, responde positiva ou negativamente ao chamado para esta ou aquela vocação. Pode o homem, numa postura rebelde e revoltada, estar fadado à infelicidade. Na concepção cristã, a vontade de Deus é que gera a verdadeira felicidade.

A propositura acerca da vocação do homem e da mulher pode enveredar-se por muitos caminhos. Edith Stein irá trabalhar utilizando-se da base cristã,

---
81 STEIN, Edith. *A mulher: sua missão segundo a natureza e a graça*. São Paulo: Edusc, 1999, p. 74.

mais especificamente dos textos da Sagrada Escritura, do Antigo e do Novo Testamento, para trilhar a linha de compreensão sobre a vocação comum e a vocação particular do homem e da mulher.

Na Sagrada Escritura, passagem de Gênesis (Capítulo 1, versículos 26 a 29), percebe-se claramente que a primeira vocação do homem e da mulher é uma vocação comum; mesmo sendo diferentes, recebem uma tríplice tarefa: ser imagem de Deus; ter descendência; dominar a Terra.[82]

Tudo está sujeito ao homem e à mulher: a participação na manutenção da criação e na procriação está delineada; cabe ao homem salvaguardar o que existe, zelar pelo que lhe foi confiado.

Aos que se perguntam sobre uma suposta sujeição da mulher por ser "criada posteriormente", a autora compara a terminologia utilizada para designar a mulher como: "ajuda necessária".

No texto de Gênesis supracitado, com a imagem refletida no espelho no contemplar-se, o homem, ao posicionar-se diante do espelho, vê no seu reflexo a pessoa da mulher.[83]

Quem é a imagem de Deus?

Com certeza é o homem e a mulher.

> *O fato de o homem ter sido criado primeiro indica uma certa prioridade de ordem. Da palavra de Deus se deduz, também, por que não teria sido bom que ele ficasse sozinho. Deus criou o ser humano à*

---
82 *Ibid.*, p. 75.
83 *Ibid.*, p. 76.

> *imagem de Deus. Ora, Deus é trino: assim como o Filho procede do Pai, e do Filho e do Pai, o Espírito, a mulher procedeu do homem e de ambos a descendência. E outro argumento: Deus é o amor. Não pode haver amor entre menos que dois (como diz também São Gregório na homilia sobre o envio dos discípulos que foram mandados de dois a dois).*[84]

Este ser imagem de Deus o é em parcialidade, o homem não é pronto, está em construção, se o fosse de forma plena, poderia caracterizar o homem com os atributos divinos. O homem é uma imagem semelhante a Deus: pode-se comparar, não de maneira perfeita, a alma humana com a relação trinitária da pessoa divina; o *Pai* que tem uma relação de amor com o *Filho*, um amor perfeito do Eu para o Tu, que não para numa mera contemplação amorosa de ambos; este amor não cabe na relação, é preciso um Outro, que não é a imagem refletida da relação e sim um constituidor efetivo da relação, o *Espírito*.

> *O amor enquanto adesão a um bem é igualmente possível enquanto amor de si. Mas o amor é mais que tal adesão, que tal apreciação de valor. É um dom de si mesmo a um tu, que em sua perfeição dá nascimento a um ser único, a raiz de uma doação de si recíproca.*[85]

A ordem não trata de domínio do homem sobre a mulher, e sim demonstra a comunhão

---
84 *Ibid.*
85 STEIN, Edith. *Ser finito y Ser eterno – ensayo de una ascensión al sentido del Ser*. México D. F.: F. C. E., 1994, p. 366.

praticada por ambos, pode-se dizer: a comunhão, a imagem da perfeição, da Trindade que se ama de maneira transbordante.

> [...] a vida do primeiro casal humano deve ser entendida como a mais íntima comunidade de amor, que tenham cooperado em harmonia perfeita das forças, assim como, antes da queda, em cada um deles, individualmente, todas as forças eram cheias de harmonia. Os sentidos e a mente na proporção certa, sem possibilidade de antagonismos.[86]

Tal comunidade de amor é abalada, tem sua constituição revogada no pecado original, na queda. A mudança na estrutura de pensamento e de uma ação do homem e da mulher, bem como a dureza do trabalho e as dores de parto são consequências da mudança no relacionamento deles com Deus.

A consequência do pecado original é a perda da intimidade com Deus, a expulsão do Paraíso que prefigura a mortalidade dos "novos homens", já privados da inocência; no entanto, mesmo diante de todas estas condições, fruto da desobediência, segue-se uma promessa: a vinda do Redentor por uma mulher, da mesma forma que por esta, no primeiro momento, houve a entrada do rompimento com a perfeita comunidade. Pela mulher há o surgimento de uma comunidade mais perfeita ainda, a maternidade preanuncia a redenção.

---

86 STEIN, Edith. *A mulher: sua missão segundo a natureza e a graça*. São Paulo: Edusc, 1999, p. 77.

> *Dessa forma se estabelece uma relação peculiar entre pecado e redenção, e os fatos de um e de outro se correspondem singularmente. Assim como a tentação se aproximou primeiramente de uma mulher, também a mensagem da redenção de Deus chega em primeiro lugar a uma mulher, e num como noutro caso é o sim saído da boca de uma mulher que define o destino de toda humanidade.*[87]

Um dos fatos de maior relevância e de distinção do sexo feminino é o de ser justamente o escolhido para trazer o "Reino de Deus" à Terra, enquanto o sexo masculino foi o escolhido como caracterizante da manifestação de Deus entre os homens. Todas as especificações fazem parte de um conjunto de fatos que acontecem em função de um restabelecimento da ordem original, o que Edith Stein chama de "reordenamento entre os sexos".[88] "Homem e mulher são destinados a levar uma vida em comum como se fossem um único ser".[89]

> *A vocação do homem e da mulher não são bem as mesmas segundo a ordem original, a ordem da natureza caída e a ordem da redenção. Originalmente, ambos tinham a missão de preservar a sua própria semelhança com Deus, de dominar a Terra e de propagar o gênero humano. Não há esclarecimentos maiores a respeito de uma superioridade do homem que parece encontrar sua expressão no fato de ele ter sido criado antes. Depois da queda, a relação entre*

---

87 *Ibid.*, p. 80.
88 *Ibid.*, p. 81.
89 *Ibid.*, p. 82.

> eles se transforma de uma união de amor em relacionamento de dominação e subordinação e é desfigurada pelo desejo. O homem recebe em primeiro lugar a atribuição de lutar pela existência, a mulher a tarefa de parir. Mas surge também a promessa de redenção, pois a mulher deverá travar a luta contra o mal, e o sexo masculino passa a aguardar sua coroação na figura do futuro filho do homem. A redenção pretende restabelecer a ordem original. A superioridade do homem se revela no fato de o Redentor vir à Terra em forma de homem. O sexo feminino ganha sua nobreza pelo fato de o Redentor nascer de uma mãe humana, uma mulher é a porta pela qual Deus entra no gênero humano. Assim como Adão foi um modelo do futuro rei divino e humano, também todo homem deve tomar Cristo como o modelo no Reino de Deus e imitar na união conjugal a solicitude amorosa de Cristo pela Igreja; a mulher deve honrar no esposo a imagem de Cristo subordinando-se livre e amorosamente a ele e ser ela própria uma imagem de Nossa Senhora. Isso significa ao mesmo tempo que ela própria deve ser imagem de Cristo.[90]

A tentativa de Edith Stein em esclarecer a natureza do homem e da mulher é feita à luz da palavra de Deus; nela, a filósofa roteiriza pautando-se em pistas da ordem da criação original, da queda e da redenção.

Em consequência da natureza corrompida, o homem se vê cego diante de tanto a conhecer, conhecimento que outrora lhe pertencia, em plenitude. A corrupção torna-se como uma barreira diante de seus olhos, parece estar agora condenado a

---

90 *Ibid.*, p. 87.

conhecer somente de forma fragmentada e de maneira gradativa.

Existem inúmeras teorias que falam de uma nova consciência a respeito da preservação do todo, do homem e do meio. Fala-se de biodiversidade, de reflexão contra a autodestruição do homem e da natureza, bem como da dependência deste homem da natureza para sua sobrevivência, sendo estas teorias pertinentes e necessárias para a atualidade. Percebe-se na obra steiniana, como a autora já demonstrava, a causa da degeneração total como o viés para que a ordem original seja restabelecida; são suas as terminologias; são suas as considerações, também são pertinentes, coerentes com a atualidade.

O ser humano precisa se reencontrar com Deus, precisa restabelecer o relacionamento com Aquele que gera nos corações a harmonia necessária.

O homem continua sendo o "senhor" do seu mundo, mas agora tem seu senhorio degenerado pela corrupção. Esta atitude degenerativa ocorre em relação ao todo, à natureza e também à mulher.

> *Mas, pela queda, a relação de companheirismo transformou-se em relação de domínio, muitas vezes exercido de maneira brutal, em que já não se tem em mente os dons naturais da mulher e seu desenvolvimento máximo; agora ela é explorada como um meio para um fim, a serviço de uma obra ou para satisfação dos próprios desejos.*[91]

---

91 *Ibid.*, p. 90.

A relação de domínio brutal que degenera a relação entre homem e mulher tem consequências na descendência e na educação e preservação; as funções de ambos, outrora, agora estão dissociadas, tornaram-se tarefas mediante as características de cada um.

A mulher é chamada a servir a vida alheia, sente-se inclinada naturalmente a isso, tem um senso mais forte de desenvolvimento harmonioso, tudo isso faz com que a parte principal da educação lhe seja confiada. Já ao homem (marido) cabe ser solícito e protetor em relação à mãe e ao filho, faz parte da sua constituição tais características.

Com a degenerescência vem a tendência, no homem (gênero), de furtar-se dos deveres para com a descendência.

> *Todos os defeitos da natureza do homem, que o levam a falhar em sua vocação original, têm suas raízes na perversão de seu relacionamento com Deus. Ele só é capaz de corresponder à sua vocação mais nobre, a de ser imagem de Deus, tentando desenvolver suas forças na subordinação humilde à orientação divina: conhecendo dentro das formas e dos limites ordenados por Deus; deleitando-se no respeito pelas criaturas de Deus, com gratidão e em louvor a Deus; criando para aperfeiçoar a criação que Deus reservou à ação livre do ser humano – dessa forma, o homem seria uma imagem finita da sabedoria, da bondade e do poder de Deus.*[92]

Edith Stein diz ter a mulher, na sua natureza, o companheirismo: reserva-se-lhe a prática do cuidar,

---

92 *Ibid.*

guardar e conservar. Diante do mundo, toma três atitudes: conhecer, desfrutar e criar.

Na mulher, percebe-se a capacidade que tem em se alegrar com as obras da criação com mais facilidade que o homem, possui o dom do conhecimento especifico dos bens.

Mostra-se mais protegida contra a "unilateralidade e o atrofiamento da sua humanidade".

> *Ao que tudo indica essa atitude está ligada à sua função de cuidar da prole e de promovê-la: trata-se de uma percepção especial da importância do orgânico, do todo, dos valores específicos, do individual. Dessa maneira, ela se revela sensível e atenta a tudo que quer vir a ser, crescer, desenvolver-se e que, por isso mesmo, exige consideração para com suas próprias leis. Essa percepção do orgânico e específico é benéfica não só à prole, mas a todas as criaturas, sobretudo também ao homem, fazendo dela a companheira e ajudante compreensiva nos empreendimentos do outrem. Sob esse aspecto, destaca-se com bastante clareza a complementaridade do homem e da mulher, prevista pela ordem original da natureza: no homem aparece em primeiro lugar a vocação dominadora, e em segundo lugar a da paternidade (que não é nem subordinada nem complementar à dominação, devendo antes ser integrada a ela); na mulher é a vocação à maternidade que predomina, enquanto a participação no domínio aparece como secundária.*[93]

Edith Stein atenta que a mulher não pode, mesmo protegida contra a unilateralidade e o atrofiamento

---

93 *Ibid*, p. 92.

da sua humanidade, por estar aberta à posse e ao desfrute dos bens, ficar presa aos seus instintos que a fazem furtar-se de seus deveres de mãe, mas deve buscar no relacionamento com Deus, da mesma maneira que o homem, a solução para libertação desta raiz.

Qual a solução para o restabelecimento da ordem natural originária?

1. Relacionamento filial com Deus

A filósofa apresenta o caminho a ser seguido para o restabelecimento da natureza e a vocação original do homem e da mulher: o retorno ao relacionamento filial com Deus; "todo ser finito tem seu arquétipo no Eu Sou",[94] ou seja, todo homem origina-se em Deus, que é infinito, que é amor.

O que nos garante a reaceitação como filhos de Deus é a ação redentora de Jesus Cristo, *redenção* que é a maior parte do processo, mas resta ainda uma outra, pequena, cabida a nós, a *aceitação*.

Existe a partir de Jesus Cristo uma nova aliança, o povo da antiga aliança cumpriu a lei aguardando a vinda do Messias; na nova aliança, o homem e a mulher participam ativamente, pela fé, com amor e fidelidade numa união estreita com o próprio Cristo atemporal.

Trilha o caminho da salvação, confia na verdade revelada, personificada. "Nesse caminho da salvação não há

---

94 STEIN, Edith. *Ser finito y Ser eterno – ensayo de una ascensión al sentido del Ser*. México D. F.: F. C. E., 1994, p. 363.

diferença de sexos. É o ponto de partida da salvação para ambos os sexos e para o relacionamento entre eles".[95]

Cristo introduziu na humanidade o germe da salvação, que precisa ser cultivado pelo homem, em si e nos outros.

Existe, assim, dentro do homem, uma luta entre a natureza degenerada e o germe da salvação que quer e pode desenvolver-se eliminando tudo que é doentio. "Tudo o que existe, foi Deus que o fez nascer, o tem pré-formado em si e o mantém na existência".[96] O que provém de Deus é bom.

O pecado original deixa marcas, pode-se percebê-lo na sociedade vigente: na corrupção da existência; no cerceamento da vida; na inversão de valores; na exclusão social; na degeneração da natureza, e, principalmente, na banalização da sexualidade humana, com a vida subordinada aos instintos desenfreados, a luta dos sexos entre si, essa busca por um hedonismo, o prazer como fim único de tudo.

Mas há possibilidade de inversão desse quadro com o auxílio da graça, proveniente da redenção.

> *Mas agora, em Cristo Jesus, vós, que outrora estáveis longe, fostes trazidos para perto, pelo sangue de Cristo. Ele é a nossa paz: de ambos os povos fez um só, tendo derrubado o muro da separação e suprimindo em sua carne a inimizade – a Lei dos mandamentos expressa em preceitos – a fim de criar em si mesmo um só Homem Novo, estabelecendo a paz, e de reconciliar a*

---

95 STEIN, Edith. *A mulher: sua missão segundo a natureza e a graça*. São Paulo: Edusc, 1999, p. 94.
96 *Ibid.*, p. 363.

ambos com Deus em um só corpo por meio da cruz, na qual ele matou a inimizade. (Ef 2, 13-16)

A redenção atualiza-se a cada momento, a cada aceitação pronunciada livremente pelos entes criados, imagem semelhante do Criador, de maneira perene, de maneira atemporal.

A alma humana vem de Deus e para lá deve retornar, assim anseia, mesmo não compreendendo. A busca pelo caminho de retorno ao Pai, impressa no coração pelo próprio Deus, está na procura do homem pelo escondido, pela *veritas*.

Deus está dentro do homem, criou na alma humana sua morada, o lugar do encontro com a criatura que ama de maneira perfeita; o inverso não ocorre.

O amor do homem para com Deus nunca é perfeito, assim afirmam Edith Stein, Santo Agostinho, São Tomás de Aquino, Jacques Maritain, Gabriel Marcel e outros mais que ousadamente não temeram falar de Deus como partícipe do *ethos* humano. O homem o é com Deus.

O que permite de novo compreender que Deus pode ter criado em cada alma humana uma morada própria a fim de que a plenitude do amor divino encontre na multiplicidade das almas, diferentes por sua natureza, um espaço mais amplo para sua participação.[97]

---

97 STEIN, Edith. *Ser finito y Ser eterno – ensayo de una ascensión al sentido del Ser*. México D. F.: F. C. E., 1994, p. 520.

Considerações finais

O século XXI iniciou-se ainda com inúmeras indagações acerca da condição humana e da natureza. Percebe-se que o alertar para a preservação da biodiversidade ainda ecoa no deserto, sem ouvidos e sem mãos para deterem a catástrofe. O mundo vive o individualismo, a subjetividade, bem como um processo crescente de teorias relativistas e pragmáticas; vive-se um tempo antimetafísico, que contribui arduamente com o distanciamento do homem de sua interiorização. O homem sujeito, construtor-destruidor do seu mundo, num processo de inquietação dialética mortal, despeja-se do lugar que ocupa na humanidade, destruindo seu *ethos* constitutivo e habitacional.

A mentalidade que impera é a do tecnicismo. Uma técnica que ameaça, com a destruição, o saber sapiencial, pois a força técnica intimida o saber filosófico, a dimensão sapiencial, postulando um saber fragmentado, desconexo com o todo, gerando o caos. A natureza costuma abortar tudo o que causa destruição na sua estrutura harmoniosa; é possível o homem ser abortado se permanecer com sua sede destruidora. Cabe refletir e postular a responsabilidade como viés conservador e restaurador da ordem.

Constituído o caos, a humanidade vê-se em crise; o mundo encontra-se em crise e, nesses momentos, surgem as grandes teorias ou retornam outras antigas, mais propícias para a ocasião.

Quando o homem começa a criar regras éticas para a vida em sociedade, significa que a Ética já não tem mais efeito sobre ele. A questão da Bioética hoje tão discutida demonstra, quando não sabemos o que fazer diante do novo científico, a ausência de uma Ética universal.

Quem pode determinar a vida ou a morte?

Quem nos deu o direito à eugenia?

Todos os questionamentos acima e os demais propostos são da Filosofia. A tarefa da Filosofia é a busca pelo Ser, é ser a matriz da inteligibilidade de tantas outras ciências existentes. Tal atividade é o prolongamento das pernas científicas, em que para a Ciência deve continuar a Filosofia. Está garantida assim a necessidade de falar-se da Metafísica na contemporaneidade, de forma clara e objetiva.

A obra de Edith Stein continua sendo atualíssima, quando remonta possibilidades e conduz a conclusões claras.

Pode-se perceber a possibilidade de um pensamento no Absoluto, na Verdade. O diálogo entre a linguagem da fé e a linguagem do mundo sensível não só é possível como é necessário diante da crise, numa tentativa de resgate do pensamento metafísico. Falou-se de criar uma metalinguagem para a explicação daquilo que não fazia parte do mundo sensível, da realidade, mas quando se depara com a ineficácia da linguagem sensível, propõe-se uma extencionalidade com uma outra linguagem, a da fé. A palavra de Deus (*Bíblia Sagrada*) é a linguagem de um Deus que dialoga com o seu povo. Se não é possível uma linguagem metafísica, transformá-la somente em linguagem de um povo que narra sobre o seu Deus deixaria de ter efeito sobre a humanidade atual, não serviria como norteadora.

Outra questão: sendo a fé uma linguagem, tornar-se forma condutora de conhecimento, assim o fideísta possuí um duplo conhecimento: o conhecimento da razão e o conhecimento da fé.

O homem atual está profundamente ligado com o progresso da ciência, encantado com as novas descobertas e suas possibilidades, mas precisa utilizar-se da percepção. O homem pode e deve perceber-se, perceber o outro, num processo de introempatia e de empatia, pois conhecendo e encantando-se, com certeza terá a ordem original gradativamente restabelecida.

O processo de introempatia - olhar para dentro de si mesmo - que é construtivo, acaba por revelar, no interior do homem, a presença de Deus que é a Verdade Absoluta. Assim, o homem no encontro com Deus restabelece a harmonia perdida.

A Contemplação Mística é, com certeza, o viés do nosso século, não somente como uma das soluções para crise da Modernidade instalada, mas como a possibilidade de reencontro do homem. A postulação, mesmo tratando de questões metafísicas, apresenta-se existencial.

Edith Stein ensina a possibilidade de tratar-se da questão pessoa humana existencial, concomitante com a pessoa de Deus. O homem é uma imagem semelhante a Deus, portanto depende de Deus. Sua vocação é constituída por Ele, no mais íntimo do seu coração.

Referências

BÍBLIA de Jerusalém. 2. ed. São Paulo: Paulus, 2003.
COSTA, José Silveira. *Max Scheler – o personalismo ético.* São Paulo: Moderna, 1996.
FELDMANN, Christian. *Edith Stein, judia, atéia e monja.* São Paulo: Edusc, 2001.
GARCIA, Jacinta Turolo. *Edith Stein e a formação da pessoa humana.* 2. ed. São Paulo: Loyola, 1999, 142p.
HERBSTRITH, Waltraud; RICHARD, Marie-Dominique. *Edith Stein, a loucura da cruz.* Tradução de Manuel Ordóñez Villarroel, OCD. São Paulo: Editions du Signe, 1998.
LACOSTE, Jean. *A Filosofia no século XX.* 2. ed. Tradução de Marina Appenzeller. São Paulo: Papirus, 1998 (Coleção Filosofar no Presente).
MACCISE, OCD Fr. Camilo; CHALMERS, Fr. Joseph. Carta circular dos superiores gerais: ao Carmelo por ocasião da sua canonização. Roma, 1998.
MARITAIN, Jacques. *A Filosofia Moral: exame histórico e crítico dos grandes sistemas.* 2. ed. Tradução de Alceu Amoroso Lima. Rio de Janeiro: Agir, 1973.
MÁXIMO, Antônio. *Filosofia e História.* São Paulo: Editora Universitária Leopoldianum, 2003, 218p.
MONDIN, Battista. *Definição filosófica da pessoa humana.* Tradução de Jacinta Turolo Garcia. Bauru: Edusc, 1998.
PESCUMA, Derna; CASTILHO, Antonio Paulo F. de. *Trabalho acadêmico – O que é? Como fazer?: um guia para suas apresentações.* 3. ed. São Paulo: Olho d'Água, 2003.
_____. *Referências bibliográficas: um guia para documentar suas pesquisas.* 3. ed. São Paulo: Olho d'Água, 2003.
REALE, Giovanni; ANTISERI, Dario. *História da Filosofia: do Romantismo até nossos dias.* 5. ed. São Paulo: Paulus, v. 3, 1991 (Coleção Filosofia).

ROMER, Karl. *Factos sobre a Alemanha: a República Federal da Alemanha*. Munique: Lexikon-Institut Bertelsmann, 1979, 381p.

RUSSELL, Bertrand. *História da Filosofia Ocidental*. Livro IV. Tradução de Brenno Silveira. São Paulo: Companhia Editora Nacional, 1969.

STEIN, Edith. *A ciência da cruz*. 3. ed. Tradução de D. Beda Kruse. São Paulo: Loyola, 2002.

_____. *A mulher: sua missão segundo a natureza e a graça*. Tradução de Alfred J. Keller. São Paulo: Edusc, 1999.

_____. *Ser finito y Ser eterno – ensayo de una ascensión al sentido del Ser*. México D. F.: F. C. E., 1994.

SECRETARIATUS GENERALIS PRO MONIALIBUS. Santa Teresa Benedicta de la Cruz, Edith Stein. Roma: Casa Generaliza Carmelitani Scalzi, 1998.

SILVA, Marilúze F. de Andrade e. *Pensamento e linguagem: Platão, Aristóteles e a visão contemporânea da Teoria Tradicional da Proposição*. Rio de Janeiro: Pós-moderno, 2002, 270p.

KAWA, Elisabeth. *Edith Stein: a abençoada pela cruz*. Tradução de Edson D. Gil. São Paulo: Quadrante, 1999, 119 p. (Temas Cristãos).

KNEALE, William; KNEALE, Martha. *O desenvolvimento da lógica*. 3. ed. Tradução de M. S. Lourenço. Lisboa: Fundação Calouste Gulbenkian, 1991.

VEBLEN, Thorstein. *A Alemanha Imperial e a Revolução Industrial: a teoria da classe ociosa*. Tradução de Bolívar Lamounier, Olívia Krähenbühl. São Paulo: Abril Cultural, 1980 (Os pensadores).

Esta obra foi composta em CTcP
Capa: Supremo 250g – Miolo: Pólen Soft 70g
Impressão e acabamento
Gráfica e Editora Santuário